Les Trompettes du Roi

PAR

Emile RHODES

MEMBRE CORRESPONDANT DE L'ACADÉMIE DES SCIENCES, BELLES-LETTRES ET ARTS
DE CLERMONT,
CORRESPONDANT DE LA SOCIÉTÉ NATIONALE DES ANTIQUAIRES DE FRANCE

PARIS

ALPHONSE PICARD ET FILS, ÉDITEURS

Libraires des Archives Nationales et de la Société de l'École des Chartes

82, RUE BONAPARTE, 82

—

1909

LES

TROMPETTES DU ROI

Les Trompettes du Roi

PAR

Emile RHODES

MEMBRE CORRESPONDANT DE L'ACADÉMIE DES SCIENCES, BELLES-LETTRES ET ARTS
DE CLERMONT,
CORRESPONDANT DE LA SOCIÉTÉ NATIONALE DES ANTIQUAIRES DE FRANCE

PARIS

ALPHONSE PICARD et FILS, ÉDITEURS

Libraires des Archives Nationales et de la Société de l'École des Chartes

82, RUE BONAPARTE, 82

—

1909

Tiré à 215 exemplaires :

15 sur papier de Hollande numérotés   de   1 à   15
200 sur papier japon   —   de 16 à 215

—

Exemplaire N°

A mon excellent cousin

le Capitaine Rhodes-Chabannes

AVANT-PROPOS

——

Au cours des recherches généalogiques que nous avions entreprises sur notre famille, nous fûmes souvent intrigué par le titre de Trompette du Roy que prenaient nombre de nos ascendants dans les actes de leur vie privée ou publique. Pour satisfaire une curiosité bien légitime, nous avons été amené, à défaut de renseignements déjà publiés, à essayer de composer une monographie de ces charges de Trompette.

Cette étude est traitée sans la moindre prétention et n'a même pas le mérite d'être complète, bien que nous ayons consulté (c'est du moins notre conviction) tous les manuscrits que nous soupçonnions pouvoir contenir quelque indication intéressante. Aussi avons-nous dû nous contenter d'enregistrer fidèlement tous les documents que nous avons puisés aux sources les plus sûres, comme les Archives nationales et la section des manuscrits de la Bibliothèque nationale ; les registres de catholicité de quelques paroisses du Cantal, les minutes de notaires et nos archives de famille ont fourni en grande partie le complément.

En faisant ce travail, nous avons eu pour but non seulement de fixer un point intéressant d'histoire générale, mais aussi de tirer de l'oubli certains de nos compatriotes qui méritaient d'être signalés ; nous avons surtout voulu rendre un filial et respectueux hommage aux ancêtres qui, pendant plus de deux siècles, ont mérité, par leur loyalisme et leur fidélité, de remplir des charges privilégiées à la cour de nos anciens rois, sans qu'aucun n'ait eu la moindre défaillance pendant cette longue période.

Nos recherches ont été longues et difficiles ; nous avons dû compulser ou faire compulser pour nous quantité de dossiers et de registres. Notre éminent confrère de la « Haute-Auvergne », M. Bruel, membre du Comité des travaux historiques, a bien voulu nous mettre sur la voie en nous signalant un dossier du plus grand intérêt, qui fut le point initial de cette étude. M. l'abbé Lafarge, curé-doyen de Riom-ès-Montagnes, nous a aussi aidé de sa science et de ses notes; enfin Me Andrieu, notaire à Apchon, nous a laissé, avec une complaisance extrême, prendre connaissance des nombreuses minutes de ses prédécesseurs. Qu'ils en reçoivent tous trois l'expression de notre plus vive reconnaissance.

Nous croirions manquer à tous nos devoirs si nous n'adressions en outre à M. Camille Piton, l'artiste bien connu, nos plus sincères remerciements. Non seulement son talent nous a permis de reproduire avec exactitude les planches que nous donnons, mais sa vaste érudition a fait de lui plus qu'un précieux et judicieux copiste, il a été pour nous un véritable et dévoué collaborateur.

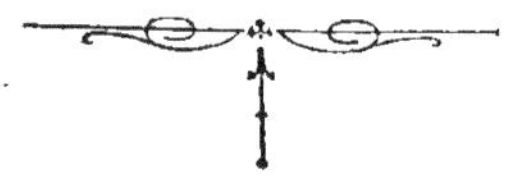

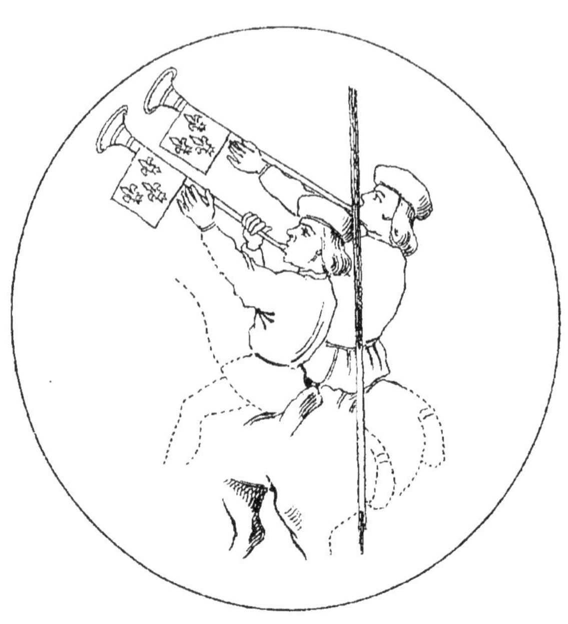

LES

TROMPETTES DU ROI

INTRODUCTION

—

Historique des charges de Trompettes du Roi

Les anciens rois de France, suivant en cela l'exemple des monarques de l'antiquité, ont toujours entretenu auprès d'eux des musiciens pour jouer dans les solennités et les grandes cérémonies.

Parmi ces musiciens, les trompettes semblent avoir tenu la plus grande place et le rôle le plus important. Outre leur contribution à l'exécution de la musique royale, n'avaient-ils pas en effet la mission d'entraîner par leurs fanfares les valeureuses troupes françaises, et de fêter par leurs accents triomphants l'entrée des rois dans les villes conquises ?

Au Moyen-Age, les premiers trompettes que nous rencontrons comptaient simplement parmi les ménestrels royaux. Le plus ancien en date est, de 1288 à 1289, « Tassinus Guillelmus, rex trompatorum » dans les *ministeralli* de Philippe le Bel[1]. Nous trouvons ensuite, en 1315, dans les *joculatores* de Louis le Hutin : Johannus (Jean) et Arnaldus (Arnaud), por-

---

1. *Bibl. Nat.* Ms. fs. frs. 6762.

tant chacun le titre de *trompator*, ainsi que Guillotus (Guyot),
en 1322[1]. De même, de 1348 à 1350, Franchequin de Sève et
Simon Col étaient trompettes du duc de Normandie et de
Guyenne, plus tard Jean II, dit le Bon[2].

Au XVe siècle, une distinction commence à s'opérer entre les
trompettes. Dans les commensaux de l'hôtel de Charles VI,
nous remarquons en 1418, Karles et Constant, qualifiés de
trompettes de Guerre, tandis qu'Hermen est simplement trompette pour ménestrier. De même en 1437 Antoine Blan, dit
Millau, Andry Jambe et Paulin d'Alexandrie sont trompettes
de guerre, alors qu'il y a en même temps deux autres petites
trompettes : Jacotin Jansonne et Jacotin de Neufjardin, ainsi
que deux trompettes de ménestrel : Hennequin Jansonne et
N. Jansonne[3].

De 1460 à 1515, il se trouve presque régulièrement quatre
trompettes en fonctions; du reste, nous relatons plus loin un
mandat de paiement pour fournitures faites « aux quatre trompettes du Roi ». Ce sont de 1461 à 1464, Guillaume Carrière,
Charles de Laigle, Jean du Bouillay, André Castaigne et Damien
de Cambefort[4]; en 1487, Grand Jehan Tabolat, Nicodemus
Candegoy, Jehan d'Amboise et Charles de Laigle; enfin en
1508, Augustin de Lescarperie, Jehan Dominique et Guillaume
de Jonzac[5].

A noter que dès 1499 nous commençons à trouver, dans
certains mandats de paiement, le titre de trompette ordinaire
du Roy; ce qualificatif semble bien donner l'idée d'une charge,
mais n'a pas à cette époque le sens qui lui sera attribué à la
fin du XVIIe siècle.

Enfin, lors de l'enterrement de Louis XII, en 1515, le
nombre des trompettes augmente et est porté à six, qui sont
Jean Dominique, Guillaume Meusnier, Guillaume de Jonzac,
Augustin de Lescarperie, Jehan Pelocquet et Jehan Dominique
de Cazal[6].

François I, après son avènement, donna à la Cour de France

---

1. *Bibl. Nat.* 32779.
2. *Ibid.* 6762.
3. *Ibid.*, Ms. fs. frs. 7853.
4. *Ibid.*
5. *Arch. Nat.* K K. 73,
6. *Arch. Nat.* K. K. 89.

une ampleur qui ne fut jamais dépassée par aucun des monarques qui lui succédèrent sur le trône. Ami du grand luxe et
des grosses dépenses, il institua des charges innombrables,
tant pour la Chapelle, la Chambre, les Chasses, que pour
l'Ecurie ; aussi trouvons-nous dès 1522 le nombre de douze
trompettes de la Grande Ecurie, nombre qui se maintiendra
jusqu'à la Révolution, sauf en 1547 où les trompettes n'étaient
que huit, tandis qu'en 1590, ils étaient exceptionnellement
dix-huit. A partir de 1608, le chiffre de douze trompettes rede-
vient normal d'une façon définitive.

La division est dès lors tranchée entre les trompettes de
guerre et les trompettes de ménestrieux. Ceux-ci assuraient
donc avec les hautbois, les fifres et les musettes, le service de
la musique de la Grande Ecurie, tandis que les premiers faisaient partie des troupes de la maison militaire et sonnaient à
la tête de leurs régiments.

Toutefois sous Charles VIII deux des trompettes, Jean
Tabolat, de 1499 à 1512, et Jean Francisque, de 1500 à 1519,
jouaient plus spécialement avec la musique royale qui comprenait alors deux aveugles musiciens, un organiste, deux
tambourins, un joueur de cornet et deux trompettes[1]. Plus
tard Christophe Daresse, de 1516 à 1524, Jean Dominique, de
1520 à 1547, tout en figurant sur les états de l'Ecurie, sont
également portés ailleurs comme « trompettes des huissiers de
salle[2] ». On ne retrouve plus cette mention dans la suite ; c'est
pourquoi nous nous contentons de les signaler pour nous
occuper seulement des *Trompettes de la Grande Ecurie*, et pas-
ser ensuite aux *Trompettes de la Maison militaire*.

---

1. *Bibl. Nat.* Ms. fs. frs. 32779.

2. *Ibid.* 21449, 21450.

I

TROMPETTES DE LA GRANDE ÉCURIE

CHAPITRE PREMIER

État général des Trompettes de la Grande Écurie

1522 [1]

Lionnet du Buisson
François Meunier
Jhean Rivet [2]
Pierre Chancel
Guillaume de Jonzac
Edme de Jonzac
Anthoine de Jonzac
François de Rivet
Dominique de Branque
Louis Chancel
Jhean d'Orléans
Didier Doulcet
Barthélemy de Cazal

1547 [3]

François Meunier
Dominique de Branque
François de Rivet

Guillaume de Jonzac
Pierre Chancel
Loys Chancel
Girard de Rivet
Edme de Jonzac

1575 [4]

Bartélemy de Cazal
Pierre Sudour
Jean Chaumeil
Guillaume Chancel
Hugues Cazenat, dit Morelle
François Gandilhon
Guillaume Dutour
Jacques Chanax
François de Chefdefaux
André Colombe
Girard Amadieu
Martin Redigeu

---

1. *Bibl. Nat.* Mss. fs. frs. 21.440.

2. Les noms en italique sont ceux des trompettes originaires d'Auvergne qui feront l'objet d'une étude spéciale dans le dernier chapitre.

3. *Bibl. Nat*, Mss. fs. frs. 7.853.

4. *Arch. Nat.* Z 1a 488.

1588[1]

Pierre Sudour
Girard Chancel
Hugues Cazenal
Guillaume Chancel
François Gandilhon
Guillaume Dufour
Jacques Chancel
François Chedfaux
Bernard Vidal dit Vignault
Antoine Aurel
Girard Amadieu
René Breton

— Pensionnaires du temps de François I, Henri II, François II, Charles IX, Henri IV

Jehan de Rivet
Antoine Jonzac

1590[2]

Hugues de Cazenal, dit Morette
Thomas Lhomme
Pierre Sudour
Guillaume Rhodes
Mingon Ricault
François Gandilhon
Guillaume Sudour
Paul Caincen
François Rhodes
Hercule Berville
Girard Amadieu
René Breton
Jehan Leclerc
Loys Bruneau
Aimé du Soyer
Bernard Vidal dit Vignault

Ysaac Lhomme
Guillaume Alain[3]

1608[4]

Jean Aure, dit Montauban
Jean Roddes
Anne Dufour
Girard Rivet
Pierre Gilbert
Antoine Roddes l'aîné
Hercule Berville
Guillaume Halin
Antonin Flude
Claude Lamontaigne
François Roddes
Anthoine Roddes le cadet

1623[5]

Hercule Berville
Edme Le Vasseur
Charles Géraud, dit La Chesnaye
Jehan Roddes le Cadet
Charles Roddes
Girard Rivet
Guillaume Roddes
Pierre Gilbert
Jean Roddes l'aîné
Jehan de Saint-Romain
Jehan Devaur le jeune
Jacques Le Vasseur

1611-1647[6]

Guillaume Roddes le jeune
Claude Moulin
François Pellissier
Jean Roddes l'aîné
Jean Rivet

---

1. *Arch. Nat.* K. K. 148.
2. *Ibid.* K. K. 143-144.
3. Fut remplacé en 1596 par autre François Rhodes.
4. *Arch. Nat.* K. K. 155.
5. *Ibid.* Z 1a 488.

6. Les états suivants sont extraits jusqu'en 1689 des *Archives Nationales* Z 1a 488 et de 1695 à 1776 de Z 1a 489 et 490.

Jean Roddes le jeune
Charles Berthe
Pierre Roddes l'aîné
Jehan de Saint-Romain
Etienne Roddes
Pierre Roddes Soudeilles

1661-1668

Thomas Dupré
Charles Roddes
Jhean de Saint-Roman
Guillaume Roddes
François Pellissier
Yves Roddes
Jean Roddes l'aîné
Etienne Roddes
Jean Roddes le cadet
Jean Roddes Broquin
Pierre Roddes Soudeilles
Jean Rivet

1677

Philippe Roddes
François Pellissier
Benigne Guillot, dit l'Orange
Florimond Rousseau
Jacques Roger
Antoine Pellisier
Yves Roddes
Jean Roddes le jeune
Jean Rivet
Jean Roddes Baronnois
Etienne Roddes

1680

Benoit Coulanet, dit la Marche
Philippe Roddes
Jean Pellissier
Florimond Rousseau
Jacques Roger
Antoine Pellissier

Etienne Roddes et François Rod-
    des son fils en survivance (du
    13 avril 1677)
Jean Roddes le jeune
Jean Rivet
Jean Roddes Baronnois

1689-1695

Sébastien Girardot
Pierre Lemaire [1]
Benigne Guillot, dit Lorange
Claude Vieillard, dit Maisonneuve
Jacques Roger dit Beaulieu
Antoine Pellissier Beaupré
Yves Roddes et Jean Roddes, son
    frère en survivance (du 11
    avril 1687)
Jean Roddes, en survivance de
    Jean Roddes, son père (du 4
    avril 1682)
Jean Rivet
Denis Barberet
Antoine Desmoulins

1700

Sébastien Girardot
Pierre Lemaire
Jean Pellissier
Benigne Guillot, dit Lorange et
    Denis Barberet en survivance
Jacques Roger dit Beaulieu et
    Jean Roger en survivance
Antoine Pellissier Beaupré
Yves Roddes et Jean Roddes, son
    frère en survivance
Antoine Desmoulins
Jean Roddes
Jean Rivet et François Rivet, son
    fils en survivance
Claude Babelon

---

1. Remplaça Philippe Roddes le 2 décembre 1686.
2. Nommé le 20 octobre 1709 en remplacement de Jean Roddes père, décédé.

1705

Sébastien Girardot
Eloy Lefebvre
Jean Pellissier
Benigne Guillot, dit Lorange et Denis Barberet en survivance
Jacques Roger dit Beaulieu et Nicolas Delangle en survivance
Antoine Pellissier, dit Beaupré
Yves Chartier
Antoine Desmoulins
Jean Roddes
Jean Rivet
Claude Babelon

1719

Jean Roddes le jeune
Denis Barberet fils
Elie Nouleaux [1]
Georges Decharme, dit Desmoulins
Eloy Lefebvre
Jean Pellissier
Sébastien Leclerc
Dominique Bourbonne de Beaufort
Jean-Gabriel Pinçon
Jean Cattier
Jean Rivet et François Rivet, son fils, en survivance
Guillaume Aubry

1721

Jean Rhodes le jeune
Denis Barberet fils
Elie Nouleaux
Georges Decharme, dit Desmoulins
Jean Robert de la Prade
Eloy Lefebvre
Jean Pellissier
Sébastien Leclerc
Pierre Villehardin de Billeau

Jean Cattier
Dominique Bourbonne de Beaufort
Guillaume Aubry

1734

Jean Rhodes le jeune
Antoine de Charme
Elie Nouleaux
Georges de Charme, dit Desmoulins
Michel Le Pot
Nicolas Magon de la Gervaisais
Gilles Jacquinot
Dominique Bourbonne de Beaufort
Charles Guillaume
Jean Cattier
Pierre Villehardin de Billeau
Edme Labonne

1742

Louis-Joseph Prévost
Charles-Robert Huguenet
Guillaume-André Frémont
François-Placide Carafe
Didier-Gérôme Cochinat
Michel Le Pot
Nicolas Magon de la Gervaisais
Gilles Jacquinot
Charles Guillaume
Jean-Dominique Barbonne
Jean-Paul Petit
Abel-Jacques Chapelle

1752

Charles-Robert Huguenet
Guillaume-André Frémont
François-Placide Caraffe
Didier-Gérôme Cochinat
Nicolas Magon de la Gervaisais
Gilles Jacquinot
Louis-Joseph-Simon Prévost
Charles Guillaume
Jean-Paul Petit

---

1. Nommé le 20 octobre 1709 en remplacement de Jean Roddes père, décédé.

Abel-Jacques Chapelle
Charles Contanceau neveu
Guillaume Toussaint

1761

Charles-Robert Huguenet
Georges Desmoulins de Charmes
François-Placide Caraffe
François Cochinat
Nicolas Magon de la Gervaisais
Guillaume Toussaint
André-Benjamin Fleuriot
Louis-Joseph-Simon Prévost
Charles Contanceau oncle
Jean-Paul Petit
Abel-Jacques Chapelle
Charles Contanceau neveu

1768

Charles-Robert Huguenet
Georges Desmoulins de Charmes
François-Placide Caraffe
François Cochinat
Guillaume Roussault
Claude-François Guénard
André-Benjamin Fleuriot
Louis-Joseph-Simon Prévost
Charles Contanceau
Charles-Marie Petit
Abel-Jacques Chapelle
Pierre Juri Dubuisson

1717

Julien Godinot
François Cochinat
François-Placide Caraffe
Georges Desmoulins
Charles-Robert Huguenet
André-Benjamin Fleuriot
Claude-François Guénard
Charles Contenceau
Louis-Joseph-Simon Prévost
Louis-Landry Cordier de Marville
Pierre Juri Dubuisson
Jean-Charles Contanceau

1776

François Kliès
Georges Desmoulins de Charme
François-Placide Caraffe
Antoine Gontier
Julien Godinot
Claude-François Guénard
Aimé-Benjamin Fleuriot
Nicolas Jourdain Bravignon de Grandmaison
Emery-Guillaume Bernier
Charles-Marie Petit
Louis-Landry Cordier de Marville
Nicolas Gilbert

CHAPITRE II

—

Fonctions des Trompettes de la Grande Ecurie

Les fonctions des trompettes de la Grande Ecurie, au point
de vue du cérémonial, ont été mal définies jusqu'au xviie siècle,
ou du moins nous n'avons trouvé que peu de traces du proto-
cole usité auparavant dans les fêtes et cérémonies. Nous
voyons, il est vrai, qu'à l'entrée de Charles VII à Paris, les
deux trompettes à cheval précèdent le dais sous lequel marche
le Roi[1].

Plus tard, dans le programme des funérailles de Charles VIII,
en 1498, nous lisons que pour aller de la salle de deuil à
l'église Saint-Florentin « les trompettes marcheront après les
huissiers et couchant la bannière sur l'épaule, le plus bas qu'ils
pourront et l'embouchure de leurs trompettes ôtée, et auront
leurs chapperons vêtus et lesdites embouchures mises dedans
leurs étuis. A leur suite, marcheront les hérauts d'armes avec
leurs cottes d'armes vêtues et aussi leurs chapperons ».

Puis, pour aller à Paris, est-il dit dans le détail de ces cérémonies qui devaient être fort longues, « après les huissiers et
les chevaucheurs d'écurie, chevaucheront lesdits trompettes
vêtus de noir et dans l'ordre devant dit..... et en l'église
auront leur banc selon leur degré. » Enfin, dans la relation des
mêmes obsèques, il est relaté qu'« après les officiers de la
maison, marchaient les trompettes et les héraults tous en
deuil et en leur ordre[2] ».

Pendant les xve et xvie siècles, nous remarquons la présence
des trompettes à toutes les grandes cérémonies, telles que
sacres et entrées de Rois, enterrements, joutes, tournois, etc.
Sauf dans les cérémonies funèbres, ils sont placés entre les

---

1. Dans la planche I, le trait noir qui coupe en deux l'un des trompettes
est un des batons du dais.

2. Th. Godefroy. *Le Cérémonial de France*. Paris 1619.

Cent-Suisses de la Garde et les hérauts d'armes, qui précèdent immédiatement le Roi[1].

Ils figurent dans les grands festins royaux où, placés sur une estrade « avec les clairons et haults-ménétriers ils faisaient si bel ouïr que semblait un paradis », comme nous l'apprend naïvement le chroniqueur anonyme de l'Ordre observé à l'entrée du roi Louis XII à Paris, en 1498[2]. A la fin de ces banquets, ils suivaient les hérauts d'armes lorsqu'ils faisaient largesse au peuple et ils accompagnaient également chaque service en jouant de leurs instruments[3].

Mais nous ne trouvons de règles précises sur les fonctions des trompettes que vers la fin du xvii° siècle et pendant le xviii°; malheureusement la plupart des notes manuscrites que nous avons pu consulter ne sont pas datées et l'on doit seulement par à peu-près leur donner une suite chronologique. Depuis François I, les trompettes de l'Ecurie dépendaient de la Grande Ecurie du Roi et servaient sous les ordres du Grand Ecuyer. Pendant très longtemps ils servirent six par quartier, c'est-à-dire un trimestre de service et un trimestre de repos, pour recommencer leur service le troisième trimestre et prendre un second congé le quatrième.

A une époque indéterminée, Louis XIV en choisit quatre, qui furent appelés *trompettes ordinaires*[4]. Leurs fonctions furent alors de faire le service en tout temps et de précéder le carrosse du Roi, soit dans ses voyages, soit qu'il rentrât à Versailles ou à Fontainebleau ; ils assistaient de même à tous les pains bénits offerts par la famille royale. Leur service ordinaire se faisait à cheval.

Les huit autres trompettes assistaient à toutes les cérémonies qui se présentaient, telles que publications de paix, *Te Deum*, entrées des rois et des reines, baptêmes des enfants de France, pompes funèbres, etc., ainsi que lorsqu'on portait à Notre-Dame les drapeaux pris dans quelque bataille. Leur service se faisait à pied[5]. En 1718, ces huit trompettes servaient

---

1. Les Cent-Suisses ne laissent entre eux et Sa Majesté que les tambours et trompettes de la Chambre, le porte-manteau, les chevaliers de son Ordre et le grand et le premier écuyer et le connétable de France, le tout ainsi selon le jour, lieu ou cérémonie que c'est. (*Etat de la France pour 1661*).

2. Godefroy. *Loc. cit.*

3. *Ibid.*

4. Voir plus loin au chapitre du costume, la lettre de Jean Rodes.

5. *Arch. Nat.* O¹ 858[5].

dans les plaisirs de Sa Majesté, dans les gardes du corps, les gendarmes ou les chevaux-légers de la garde, et même où bon leur semblait[1]. Dans ces diverses cérémonies, leurs fonctions sont ainsi décrites :

Fonction des Trompettes

Quand le Roi marche en troupe, c'est-à-dire quand les chevaux-légers ou mousquetaires ou gendarmes ou la salle des gardes du corps sont commandés, les quatre trompettes de la Chambre marchent à la tête des chevaux du carrosse du roi en sonnant.

Quand le roi fait une revue, les quatre trompettes marchent à la tête des chevaux.

A l'armée, les trompettes de la Chambre marchent avec le roi deux alternativement et sont commandés en commission pour porter les ordres pour les contributions.

Aux publications de paix, trêves, suspensions d'armes, les trompettes seront au nombre de huit, dans lequel nombre les quatre des plaisirs servent conjointement avec les quatre ordinaires de la Chambre et, dans ce service, ces trompettes sont placés en avant des hérauts d'armes.

Aux baptêmes des enfants de France.
. . . .

Aux mariages des Rois.   -
. . . .

Aux sacres des Rois et des Reines.
. . . .

Aux *Te Deum* chantés pour actions de grâce à Notre-Dame, lorsque le roi y assiste, il est ordonné huit trompettes des Écuries, savoir les quatre ordinaires servant à cheval et quatre autres servant à pied. Les quatre à cheval vont se rendre à la grille Chaillot ou à l'Étoile, à la rencontre du roi, et là prennent leurs places à la tête des chevaux du carrosse, viennent dans cet ordre jusqu'à la porte de Notre-Dame où, étant arrivés, ils mettent pied à terre pour accompagner Sa Majesté jusqu'à la place qui lui est préparée dans le chœur de l'église, entrant par le côté de l'Épître et s'en retournant par celui de l'Évangile jusqu'à la grille du chœur en dehors, où ils attendent la fin de la cérémonie ; ensuite reconduisent le roi dans le même ordre jusqu'à la porte de l'église où les quatres ordinaires remontent à cheval et accompagnent le roi jusqu'au même endroit où ils avaient rejoint son carrosse ; mais,

----

1. *État de la France pour 1718.*

pour les quatre trompettes à pied, ils se retirent chacun chez eux, quand le roi est remonté dans son carrosse.

Aux transports des drapeaux et étendards à Notre-Dame.
(Même cérémonie que ci-dessus).

A la cérémonie des pains bénits rendus par le Roi et la Reine.
(Même cérémonie que ci-dessus)[1].

Les trompettes assuraient le service de la musique de la Grande Écurie, qui comprenait, en 1682 notamment, outre les 12 trompettes : 12 joueurs de violons, cornets, hautbois et sacqueboutes ; 4 hautbois et musettes du Poitou ; 8 tambours, fifres et musettes, servant deux par quartier ; un joueur de basse de cromorne et trompette marine ; un dessus de cromorne et trompette marine[2].

Une autre note, également sans date, nous apprend que pour le sacre du Roi :

Les trompettes, tambours, musettes, hautbois ou autres instruments qui seront ordonnés par Monsieur le Grand Ecuyer pour servir à la cérémonie du sacre du Roi se rendront le jour du sacre à six heures du matin au logis de Sa Majesté. Le roi étant conduit de son logis à l'église, tous les instruments marcheront deux-à-deux, les musettes, les hautbois, les tambours, les trompettes, après le clergé de l'église, au milieu des Cent-Suisses qui marcheront à droite et à gauche, et ne sonneront point dans la marche. Arrivés dans le chœur de l'église, les instruments s'arrêteront près de la porte du chœur et y resteront tout le temps de la cérémonie. Après que le roi est couronné, sera conduit au jubé et on criera « Vive le Roi » dans l'église, les instruments sonneront fanfare pendant un *Miserere*, après quoi ils feront silence le reste du temps que le roi sera dans l'église.

Après la cérémonie de l'église, le roi retournera à son palais et tous les instruments marcheront en sonnant entre les deux haies des Cent-Suisses ; arrivés au palais, ils attendront pour marcher aux services du festin. Pour aller chercher la viande du festin, tous les instruments sans sonner prendront le grand Maître de France et autres qui l'accompagneront ; marcheront d'abord les musettes, les hautbois, les tambours, les trompettes, les hérauts, etc., ce qui se fera à chaque service des viandes du festin, observant en allant chercher le service des viandes de ne point sonner, mais de sonner en l'apportant à la salle. Le premier service de viande porté, les instruments marcheront jusqu'à la porte de la chambre du roi sans sonner, et le roi allant de sa chambre à la salle

---

1. *Arch. Nat.* O¹ 878.
2. *Etat de la France pour 1682.*

du festin, les instruments marcheront les premiers et sonneront. Le festin étant fini, le roi sera reconduit de la salle à sa chambre jusqu'à la porte de laquelle les instruments précèderont en sonnant.

Il serait utile que Monsieur le Grand Écuyer commit quelqu'un pour faire faire à tous les instruments tout ce qui est ici marqué.

Ces mêmes instruments servent encore à la cérémonie de l'ordre du St-Esprit que le roi fait l'après-midi du lendemain de son sacre pour se faire recevoir chef et grand-maître dudit ordre ; pour cela, ils se rendent au logis du roi à l'heure donnée.

Dans la marche du Roi allant à l'église, ils marchent après les Cent Suisses et sonnent. Dans l'église, le Roi y étant arrivé, ils font silence tout le temps de la cérémonie.

Et le roi retournant à son palais, ils reprennent leur marche et sonnent [1].

Vers la fin du XVIIe siècle, il leur fut adjoint quatre Trompettes tirés des quatres compagnies des gardes du corps et qui portèrent le nom de *Trompettes des plaisirs* ou *des menus plaisirs;* ces places étaient accordées, à l'ancienneté et comme récompense au plus ancien de chaque compagnie. Déjà, en 1682, il y avait aux gardes du corps vingt trompettes, à raison de cinq par compagnie ; seize demeuraient aux compagnies, les quatres, dits des menus plaisirs, suivaient toujours le guet auprès du Roi, et ne quittaient jamais Sa Majesté [2]. Leurs fonctions étaient ainsi définies :

Service des Trompettes des plaisirs

Quatre trompettes ordinaires des plaisirs qui sont aussi dans les gardes du corps et accompagnent ceux du guet : le 1er, Antoine Decharmes, est de la Compagnie de Noailles ; le 2e, Jean Coit de la Marche, de la Cie de Villeroy ; le 3e, Denis Barberet, de la Cie d'Harcourt ; le 4e, Pierre Le Maire, de la Cie de Boufflers. Ils touchent chacun douze cent livres sur leur quittance aussi signée du major des gardes et le casuel ; ils se trouvent à tous les concerts de musique où il faut des trompettes devant le Roi tant sur le canal de Versailles que dans les appartements, aux opéras, ballets, comédies ou quelquefois même dans la Chapelle à la solennité du jour ou de la veille des rois, comme en 1693 et 1694, que le Roi Louis XIV fit *les Rois* à Versailles avec leurs Majestés Britanniques, quelques princes et princesses ; enfin ils se trouvent à tout généralement ce qui se fait pour les divertissements du Roi et de la cour. En toutes ces circonstances de divertissements, ces trompettes des plaisirs ont le

---

1. *Arch. Nat.* O 1 878.
2. *État de la France pour 1682.*

pas sur les trompettes de la Chambre, mais aux autres endroits, les trompettes de la Chambre ont le pas sur ceux des plaisirs ; des vingt-huit trompettes des gardes du corps, il n'y en a que les quatre des plaisirs qui soient en charge.

Les douze trompettes de la Chambre et les quatre des plaisirs se trouvent ensemble aux grandes cérémonies royales, aux baptêmes des enfants de France, aux mariages des Rois, aux sacres des Rois et des Reines, aux enterrements de Leurs Majestés et des enfants de France, aux publications de paix et, pour chacune de ces cérémonies, ils ont à eux seize une ordonnance de douze cent livres payées par le trésor royal.

Quand on porte à Notre-Dame de Paris, capitale du royaume, les drapeaux remportés sur les ennemis, l'ordonnance pour eux seize, aussi payée par le trésor royal, est de cent cinquante livres : aux pains bénits que Leurs Majestés, Monseigneur le Dauphin, Monseigneur le duc de Bourgogne, Madame la Duchesse de Bourgogne, Monsieur le duc de Berry font rendre, le trésorier des offrandes donne aux quatre trompettes de la Chambre et aux quatre des plaisirs chacun un écu. Ils servent encore quand le Roi tient son lit de justice aux Parlements.

Les ordonnances ci-dessus leur sont payées sur le certificat de service que donne M. le Grand Ecuyer.

Lorsque Monseigneur quitte le Roi et s'en va à l'armée, des quatre trompettes des plaisirs, deux restent auprès du Roi et deux suivent Monseigneur le Dauphin [1].

En 1718, notons, dans l'ordre de la marche du Roi quand il sort, les particularités suivantes :

Quand le Roi pendant le jour sort en carrosse à deux chevaux de son château, accompagné de ses officiers......

Les quatre trompettes de la Chambre marchent immédiatement à la tête des chevaux, mais ce n'est qu'aux entrées des villes.

Lorsque, dans les voyages, le Roi marche à huit chevaux dans son carrosse, les quatre trompettes de la Chambre marchent à la tête des chevaux du carrosse de Sa Majesté et les quatre trompettes et le timbalier des plaisirs marchent à la tête du guet des gardes du corps derrière le carrosse. Mais il n'y a que les seize gardes du corps et point de trompettes ni de timbales lorsque le Roi marche à l'ordinaire. Lorsque le Roi va à Fontainebleau ou à Chambord, cela passe pour voyage et les trompettes marchent, comme aussi quand Sa Majesté entre dans Paris ou en sort.

Quand le Roi demeure à Paris et qu'il va se promener dehors ou qu'il va faire visite à quelqu'un, il sort à l'ordinaire, c'est-à-dire sans trompettes ni timbales, ayant seulement à sa suite le guet de ses gardes qui suivent le carrosse étant à cheval et ayant l'épée nue à la main [2].

---

1. État de la France pour 1793.
2. État de la France pour 1718.

Il est fort probable que les huit trompettes qui jouèrent avec les violons, flûtes, etc., dans *Psyché*, tragi-comédie et ballet dansé devant Sa Majesté au mois de juin 1671, comme dans le *Ballet des ballets* dansé également devant Sa Majesté en son château de Saint-Germain-en-Laye en décembre de la même année, étaient les quatre trompettes de la Chambre et les quatre des plaisirs : Duclos, Denis, La Rivière, Lorange, La Plaine, *Pellissier*, Pètre, Roussillon et Rodolphe [1]; mais nous ne pourrions l'affirmer.

Pellissier et Lorange figurent bien à cette époque, ainsi que nous l'avons vu, sur les états de la Grande Ecurie, mais nous ne connaissons pas les noms des deux autres trompettes ordinaires ; peut-être Roussillon est-il le surnom ou l'altération de Rousseau. Quant à ceux des plaisirs, les nombreuses lacunes qui existent dans les contrôles des gardes du corps portent justement sur cette époque, ainsi qu'on pourra en juger plus loin.

De même, par un vieil usage, les douze trompettes de la Grande Ecurie, avec les douze grands hautbois et violons, appelés anciennement les grands hautbois, cornets et sacqueboutes, venaient jouer le jour de l'an au lever du Roi, ainsi que le premier mai et le jour de la Saint-Louis, fête du Roi. Ils devaient aussi être employés dans les grands divertissements et dans quelques cérémonies [2].

Cette intrusion des Trompettes des plaisirs ne fut pas sans déplaire aux Trompettes de la Chambre, car une note, sans date, nous apprend que les habits des Trompettes de la Chambre sont fort différents de ceux des Trompettes des plaisirs, en ce que les habits de ces derniers sont galonnés en argent seulement, tandis que ceux de la Chambre sont galonnés en or et argent [3].

Ces Trompettes de la Chambre devaient, en outre, être très jaloux de leur rang de préséance, comme le prouve la pétition qu'ils adressaient de Versailles au Grand Ecuyer, le 14 septembre 1729 :

Monsieur,

Jamais les Trompettes de la Chambre n'ont eu d'autre poste que celui d'être devant les chevaux du carrosse du corps du Roi ; il est tout na-

---

1. *Bibl. Nat.* Y f, 1015-1038.

2. *Etat de la France pour 1697.*

3. *Arch. Nat.* O¹ 878.

turel qu'ils ne peuvent être ailleurs, n'étant dépendants d'autre troupe ni compagnie.

Si les chevau-légers, mousquetaires et gardes du corps marchent directement devant le carrosse du Roi et qu'il faille que les Trompettes de la Chambre marchent devant eux, ils sont censés être de leur corps, attendu le rapport qu'il y a entre leurs équipages et celui des trompettes des Compagnies ci-dessus surnommées. Derrière le carrosse du Roi sont les quatre trompettes des plaisirs à la tête des gardes du corps comme étant de ce corps.

Si on nous ôte le poste que nous avons occupé de tout temps, nous ne savons où nous devons nous mettre ; pour le service à venir, nous prions Son Altesse le prince Charles de s'expliquer avec le Roi, afin que, le voyage de Fontainebleau qui approche, nous puissions exercer nos charges et ne pas souffrir que des officiers qui sont sous ses ordres soient chassés d'un poste duquel ils ont été en possession sous le feu Roi et sous feu Monseigneur d'Armagnac [1].

Nous voulons croire que cette pétition fut prise en considération et que les intrus de la maison militaire cédèrent à l'avenir la place aux Trompettes de la Chambre.

---

1. *Arch. Nat.*, O¹ 878.

C. Piton Del.

Leboiteux Lit.

1450

CHAPITRE III

—

Privilèges et Traitements des Trompettes
de la Grande Ecurie

Les charges de Trompette du Roi étaient très recherchées, comme du reste toutes les autres charges de la Cour, vu qu'elles conféraient à leurs possesseurs non seulement de nombreux privilèges et avantages, mais encore un traitement des plus rémunérateurs. Les Trompettes, faisant partie de la Grande Ecurie, étaient réputés comme tels officiers ou commensaux de la maison du Roi et jouissaient de tous les privilèges attachés à ce titre, c'est-à-dire :

De la noblesse,

De la qualité d'écuyer,

Du droit de committimus et gardes et gardiennes,

De pouvoir faire valoir par leurs mains une de leurs fermes sans payer la taille,

Des rangs, préséances et prééminences dans les cérémonies et assemblées publiques et particulières,

Des droits honorifiques dans les églises pour l'eau bénite, les processions, les prédications, l'offrande, le pain bénit et les bancs,

De la dispense d'être marguilliers des paroisses,

De celle de faire enregistrer leurs provisions ailleurs qu'à la Cour des Aides,

Des prérogatives qu'avaient leurs charges de ne pouvoir être mises en partage dans les successions des familles et de n'être sujettes, non plus que leurs gages, pensions, récompenses et livrées, à aucune hypothèque ni saisie,

De l'exemption : 1° des taxes de francs-fiefs, franc-alleu, ban et arrière-ban, de la recherche des faux-nobles,

2° Des tailles, subsides, impositions et collectes,

3° De tutelle, curatelle et nomination à icelles,

4° Du guet et garde des portes et murailles,

5° De la subsistance et logement des gens de guerre, à l'exception des troupes de la maison du Roi,

6° De la contribution aux fortifications, corvées et mortes payes des villes,

7° De tous péages pour les provisions de bouche.

8° Des droits de gros, anciens cinq sols et autres sur le vin de leur cru,

9° Des taxes de l'hérédité et des arts et métiers,

10° Et de toutes les charges de ville, telles que maires, échevins, syndics, collecteurs, etc. [1]

Une déclaration du Roi, du 16 mai 1635, confirmant d'autres déclarations antérieures, porte que les officiers domestiques de la maison de Sa Majesté, lorsqu'ils seront vieux et caducs et contraints de remettre leurs charges à leurs fils, gendres ou neveux et non à d'autres, après avoir servi vingt-cinq années consécutives, continueront à jouir de tous les mêmes honneurs, exemptions et privilèges, ainsi que leurs veuves pendant leur viduité, en obtenant et en faisant enregistrer les lettres de vétérance nécessaires [2].

C'est ainsi que nous voyons dans l'extrait de la *Cour des Aides de Clermont-Ferrand*[3] la mention de lettres de vétérance accordées à Jean Roddes en 1655 et à Guillaume Roddes en 1677, comme Trompettes de la Grande-Écurie. Ces exemptions devaient déjà remonter à une date très ancienne, ainsi que les lettres-patentes suivantes en font foi :

3 Janvier 1596

Exemption de tailles pour François Rhodes à cause de sa charge de trompette ordinaire.

Henry, par la grâce de Dieu Roy de France et de Navarre à nos amés et féaux conseillers, les gens tenans notre cour des aydes à Paris, Président élus et controlleurs sur le fait de nos aydes et tailles en l'élection de St-Flour, salut. Notre cher et bien aimé François Rhodes, l'un de nos trompettes ordinaires, nous a fait dire et remontrer que par privilèges par Nous et nos prédécesseurs Rois concédés aux officiers domestiques et commensaux de notre maison, nous les aurions quittés, exemptés et affranchis de la contribution et payement de nos tailles et de toutes autres levées de deniers tant ordinaires qu'extraordinaires pour quelque occasion que ce soit. Néanmoins au préjudice desd. privilèges, les habitants de Terrou s'efforcent de comprendre, taxer et colliser en nos tailles la présente année iceluy suppliant encore qu'il soit exempt du payement en contribution d'icelle comme officier de notre

---

1. *Code des Commensaux*, l. Paris, 1720.

2. *Ibid.*

3. *L'Auvergne historique*. Riom, Jouvet, 1895.

maison nous y faisant actuel service. Ce qui luy tourneroit à grand préjudice si sur et par nous ne luy estoit pourvu comme il nous a très humblement supplié et requis luy octroyer nos lettres à ce nécessaires. A ces causes désirant en cet endroit luy subvenir, avons iceluy Rhodes exempté, quitté et affranchy et par ces présentes signées de notre main quittons, exemptons et affranchissons de nosd. tailles et de toutes autres levées de deniers tant ordinaires qu'extraordinaires généralement sans qu'il puisse estre contraint en quelque chose que ce soit au payement d'icelles, voulant que s'il avait été contraint payer aucune chose pour raison de ce dessus, iceluy soit rendu et restitué et à ce faire contraints ceux qui les auront reçu par les mêmes voyes qu'il aurait été contraint nonobstant opposition ou appellation quelconques le faisant rayer et biffer des rolles d'icelle avec deffenses auxd. habitants de Terrou et tous autres de par cy après le plus comprendre en aucune assiette et levée de deniers pour quelque occasion que ce soit. Si nous mandons et à chacun de vous enjoignons très expressément que du contenu en ces présentes ils fassent, souffrent et laisser jouir et user pleinement et paisiblement iceluy Rhodes et ce faisant le faire tenir quitte et déchargé de la contribution et payement de nosd. tailles et autres levées de deniers. Contraignant à se faire obéir tous ceux qu'il appartiendra par toutes voyes et manières raisonnables et dues, car tel est notre plaisir.

Donné à Follembray, le 3ᵉ jour de janvier 1595 et de notre règne le septième. Signé : HENRY, et plus bas : Par le Roy, RUZÉ[1].

Les charges de Trompettes étaient vénales lorsque leurs titulaires les cédaient à des étrangers et leur prix a varié suivant les époques. Dans un mémoire sur les charges de trompettes possédées par la famille Rhodes[1], nous lisons en effet qu'en 1639 (et non en 1539, comme les rédacteurs du mémoire l'ont porté par erreur), Pierre Roddes acheta sa charge à Jacques Le Vasseur moyennant le prix de 1,500 livres.

Plus tard, il semble que le Roi voulut racheter les charges pour les distribuer à qui bon lui semblerait, car il est observé que la finance des charges de trompette ordinaire de l'Ecurie était de 6,000 livres et celle des autres trompettes de 5.000. Si l'on en réformait un, le remboursement serait de 6,000 livres ou les intérêts à payer seraient de 300 livres. Cependant le produit de leur charge n'étant pour chacun d'eux que de 180 livres, le Roi, déduction faite de la capitation qui est de 18 livres pour chacun et du 10ᵐᵉ ne paye à un trompette que

<hr>

1 et 2. Arch. Nat. O¹ 878.

144 livres[1]. En cas de transmission de la charge, le Roi devait agréer le successeur proposé ; il lui délivrait alors des lettres de provisions sur le modèle suivant :

31 Décembre 1647

Charge de Trompette ordinaire du Roy

De par le Roy.

Grand Ecuyer de France et vous Receveurs et controlleurs du fait et dépense de nos Ecuries, salut. Savoir faisons que pour le bon et louable rapport qui nous a été fait de la personne de notre bien amé Jean Rodes et de ses sens, suffisance, loyauté, prudhommie, expérience et bonne diligence. Iceluy pour ces causes, de l'avis de la Reine régente, notre très honorée Dame et mère, nous avons cejourdhuy retenu et retenons par ces présentes signées de notre main en l'Etat et charge de l'un de nos Trompettes ordinaires que naguère tenoit et exerçoit Pierre Rodes son père et à présent vacante par la démission qu'il en a faite en nos mains par sa procuration cy attachée. Pour dorénavant nous y servir, ledit Etat et charge exercer, en jouir et user aux honneurs, autorités, prérogatives, prééminences, privilèges, franchises, libertés, gage-droits, fruits, profits, revenus et émoluments accoutumés et qui y appartiennent, tels et semblables qu'en jouissait led. Pierre Rodes, son père, tant qu'il nous plaira. Si voulons et vous mandons que dud. Jean Rodes le jeune pris et reçu le serment en tel cas requis et accoutumé vous cette présente note retenue enregistriez et fassiez enregistrer ès registres, papiers et écrits de nosd. Ecuries et du contenu en icelles le fassiez, souffriez et laissiez jouir et user pleinement et paisiblement et à luy obéir et entendre de tous ceux et ainsi qu'il appartiendra ès choses touchant et concernant lad. charge. Mandons en outre à vousd. Receveurs de nosd. Ecuries que les gages et droits à lad. charge appartenant vous payiez et délivriez aud. Jean Rodes dorénavant par chacun ou aux termes et en la manière accoutumée suivant nos Etats. Car tel est notre plaisir.

Donné à Paris sous le scel de notre secret le dernier jour de décembre 1647. *Signé :* Louis, *et plus bas :* Par le Roy, la Reine régente sa mère présente : GUÉNÉGAUD.

A côté est écrit : Aujourdhuy 4ᵐᵉ jour de janvier 1648 à Paris, led. Jean Rodes a fait et prêté entre les mains de Mgr le comte d'Harcourt, Pair et Grand Ecuyer de France le serment auquel il estoit obligé à cause de lad. charge de l'un des trompettes ordinaires de Sa Majesté dont il a été pourvu, en la présence de moy soussigné premier secrétaire intendant des affaires de mond. seigneur. Signé : MARTIN DE MOIRONS[2].

---

1. *Arch Nat.* O¹ 855¹.
2. *Ibid.* O¹ 878.

Le titulaire devait donc prêter serment entre les mains du Grand Ecuyer, comme nous venons de le voir ; il lui était ensuite délivré un certificat constatant que la charge lui avait été accordée par le Roi et qui était ainsi conçu :

Henry de Lorraine, comte d'Harcourt, de Briesne, d'Armagnac, etc., Chevalier des Ordres du Roi, Pair et Grand Ecuyer de France, Gouverneur de la haute et basse Alsace. Grand Bailly de Haguenau et général des armées de Sa Majesté,

Nous certifions que le Roy a accordé à Jean Rodes la charge de l'un des trompettes de Sa Majesté vacante par la démission de Pierre Rodes Soudeilles, dernier possesseur d'icelle. Priant Monsieur du Plessis, conseiller d'Etat et des commandements de Sa Majesté de lui en faire expédier les lettres sur ce nécessaires.

Fait à Pagny le 12ᵉ d'avril 1657.

     Signé : HENRY DE LORRAINE, COMTE D'HARCOURT.

Par Monseigneur : ROBERT [1].

Comme tous les titulaires des charges de la Cour, les trompettes pouvaient exercer le droit de survivance, c'est-à-dire désigner de leur vivant leur successeur. Les édits de 1568, 1571, 1574 et 1578, appelés édits de survivance, attribuaient cette survivance en finançant le tiers denier de la valeur de l'office [2]. Ce droit dut être bien plus élevé par la suite, car dans l'état de ce qui fut payé pour finance et agrément sur mutations, tant simples qu'à condition de survivance, des quatre charges de trompettes ordinaires de la Chambre et Ecurie du Roi, nous voyons que Jean Roddes paya, le 19 mars 1709, pour finance 5.500 livres, tandis que Pierre Roddes versa le 24 mai 1729, 2.000 livres pour survivance [3].

Quant au traitement des trompettes, nous sommes suffisamment documentés pour l'étudier en détail. En 1315, les deux *trompatores*, *Johannes* et *Arnaldus*, sont payés trois sous par jour et reçoivent, le premier, vingt-deux livres 16 sols pour 152 jours du 1ᵉʳ juillet au 1ᵉʳ décembre, et le second dix-huit livres 9 sols pour 123 jours du 1ᵉʳ juillet au 1ᵉʳ novembre, tandis qu'en 1328, ils reçoivent cinquante livres, pour l'année probablement [4]. En 1386, il est dit que le trompette

---

1. Archives de famille.
2. Ch. Loyseau. *Cinq livres du droit des offices*. Paris. 1613.
3. *Arch. Nat.* O¹ 878.
4. *Bibl. Nat.* Mss. fs. frs. 32.779.

« aura foin et avoine pour deux chevaux, 12 deniers par jour, un valet mangeant en salle, un cahyer de chandelle, une pinte de vin de coucher et un demi quart de molle de buche[1] ». En 1422, au contraire, le trompette de guerre *Karles*, devait manger en salle, servir continuellement, avoir un cheval et recevait trois sous par jour, plus « un quart de molle de bûche en hiver »[2].

De 1461 à 1464, trois des trompettes du Roi, Guillaume Carré, Charles de Laigle et Jean du Boullay, sont mandatés pour la somme de 240 livres, alors que Antoine et Pierre Rouzeaux touchent 360 livres ; en 1487, Grand Jehan Tabolat et Nicodemus Candegoy avaient 20 livres par mois, Jean d'Amboise 15 livres et Charles de Laigle 12 livres seulement[3]. Enfin, en 1508, les Trompettes de l'Ecurie sont définitivement appointés à 180 livres par an[4], traitement fixe qu'ils continueront de toucher jusqu'à la Révolution, ainsi que nous avons pu le contrôler dans tous les états et comptes de l'Ecurie, auxquels nous nous référons dans le cours de cette étude.

Exceptionnellement, le traitement des quatre trompettes ordinaires était de 1.140 livres, dont 180 livres payées par les trésoriers de la Grande Ecurie comme aux huit autres, 20 livres par mois de récompense et 60 livres par mois d'extraordinaire qui étaient payées tous les mois par ordonnance au trésor royal[5]. D'autre part ils recevaient, pour étrennes, le premier jour de l'an chez M. le Premier, 30 livres, ce qui faisait 7 livres 10 sols pour chacun ; le premier jour de mai, chez M. le Premier, 33 livres pour eux quatre ; le jour de la Saint-Louis, 30 livres chez M. le Premier. Ils avaient, en outre, les billets de bouche à tous les jours de Pâques, Pentecôte, premier jour de Mai, Toussaint et le jour de l'an, qui consistaient dans deux septiers de vin, dix pains de table et trente-deux livres de viande de boucherie. Enfin ils avaient chacun un cierge à la Fête Dieu et à la Chandeleur[6].

---

1. *Bibl. Nat.* Mss. fs. frs. 32.779.
2. *Ibid..* Mss. fs. frs. 7.853.
3. *Arch. Nat.* K. K. 73.
4. *Ibid.* K. K. 86.
5. *Ibid.* O¹ 878.
6. *Ibid.* O¹ 878.

Nous ignorons si les Trompettes continuaient à être logés et nourris comme du temps de *Karles ;* mais il devait en être ainsi jusqu'en 1661 tout au moins, car à cette date, nous voyons que certains commensaux avaient « bouche à cour », et l'étymologie même du mot commensal semble bien l'indiquer ; du reste nous trouverons plus loin que les trompettes des gardes du corps touchaient également aux fêtes solennelles des suppléments de vivres à peu près identiques[1]. Il semble dès lors que le pain, la viande et le vin touchés par les quatre trompettes ordinaires devaient constituer un supplément pour pouvoir festoyer à l'occasion de ces grandes solennités.

Le traitement des huit autres trompettes n'était donc que de 180 livres par an, comme nous l'avons vu, mais ils partageaint avec les trompettes ordinaires les gratifications accordées à l'occasion de leurs fonctions. Dans ce cas le Grand Écuyer délivrait à tous les trompettes le certificat suivant :

Louis de Lorraine, Comte d'Armagnac, etc. . . . .

Nous certifions à tous qu'il appartiendra que les nommés Sébastien Girardot, Jean Lemaire, Jean Pellissier, Denis Barberet, Claude Viallard dit Maisonneuve, Yves Roddes, Antoine Desmoulins, Jean Roddes, Jean Rivet et Claude Babelon, Trompettes du Roy étant sous notre charge, ont tous servi Sa Majesté et fait les fonctions de leurs charges à la cérémonie de la publication faite en la ville de Paris le mercredi vingt troisième du présent mois d'octobre, de la Paix entre la France, l'Angleterre et les États généraux des provinces unies des Pays Bas.

En témoignage de quoy nous avons signé le présent certificat, iceluy fait contresigner par notre secrétaire et y apposer le sceau de nos armes.

Fait à Versailles, le 29 octobre 1697.

LOUIS DE LORRAINE[2].

Ces gratifications étaient alors mandatées sur le trésor royal en vertu de la réquisition suivante :

Garde de mon trésor royal, M° Jean-Baptiste Brunet.

Payez comptant la somme de 150 livres à douze trompettes pour avoir assisté à la cérémonie du transport des drapeaux remportés à la bataille de Fleurus depuis mon château des Tuileries jusqu'en l'église cathédrale de ma bonne ville de Paris, à raison de douze livres 10 sols, ainsi qu'il en est accoutumé.

Fait à Versailles, ce 4 août 1690.

Signé : LOUIS.   Contresigné : COLBERT[3].

---

1. *État de la France pour 1661.*

2 et 3. *Arch. Nat.* O¹ 878.

L'année précédente, il leur avait été mandaté de la même manière 360 livres pour avoir assisté aux cérémonies du *Te Deum* chanté en présence du Dauphin à Philippsbourg, Mannheim et Frankendaël, à raison de 120 livres pour chaque cérémonie [1].

Comme nous l'avons vu au précédent chapitre, les douze trompettes de l'Ecurie assistaient avec les quatre des plaisirs aux grandes cérémonies royales et touchaient à eux seize une ordonnance de 1200 livres, soit 75 livres chacun.

Sous le règne de Louis XV, où les armées françaises remportèrent de si nombreuses victoires, nous trouvons des quantités de mandats délivrés à l'occasion de transports de drapeaux ou de *Te Deum*. Plus que jamais la charge de Trompette de l'Ecurie devait être non seulement honorifique, mais lucrative.

---

1. *Arch. Nat.*, O¹ 878.

CHAPITRE IV

—

Costume des Trompettes de la Grande Écurie

Le costume des trompettes du roi a varié continuellement suivant en cela les caprices de la mode et de l'époque. Les premiers trompettes que nous trouvons sont les uns revêtus d'une tunique rouge à semis de pois d'or *(Voir planche I)*, et les autres ont la tunique rouge unie. *(Voir planche II)*. Dans une autre gravure *(Voir planche III)*, la tunique est violetée, les chausses jaunâtres, le chapeau et les souliers gris.

Lors de l'entrée de François Ier à Paris en 1515, Godefroy[1] nous apprend qu' : « après étaient les sacqueboutes et hautbois du Roy vêtus de damas blanc, jouant de leurs instruments incessamment. Avec eux, les Trompettes du Roy, vêtus de même, sonnant tout le long des rues. » Il semble donc que la description que Marbot[2] donne du costume de la planche IV, c'est-à-dire chapeau et tunique blancs frangés d'or et culotte jaunâtre soit légèrement inexacte.

Plus tard à l'entrée d'Henri II à Paris en 1549, les trompettes du roi ainsi que les fifres étaient habillés de sayes de velours noir, bandés à grandes bandes larges de toile d'argent, tandis qu'à l'entrée de Charles IX en 1571, ils étaient habillés de velours rouge[3]

En 1588, il est dépensé 600 livres pour douze costumes de trompettes à raison de 50 écus chacun[4].

Si nous manquons de renseignements sur les costumes du règne d'Henri III et d'Henri IV, nous trouvons, par contre, dans les comptes de l'Ecurie le détail des fournitures faites

---

1. *Loc. cit.*
2. De Marbot. *Costumes militaires français*. Paris, Clément, éd. s. d.
3. Godefroy. *Loc. cit.*
4. *Arch. Nat.* K. K. 143.

3

pour habiller les trompettes du 22 mai 1610 au 22 avril 1611 ; nous y lisons en effet qu'il a été dépensé :

Pour soixante aulnes de velours bleu pour employer à faire casaques pour servir à douze trompettes du Roy, qui est cinq aulnes pour chacun, audit prix de 12 livres l'aulne la somme de .... 700 l.

Pour quinze aulnes de taffetas bleu de Genève pour servir à faire parement auxdites casaques, qui est cinq quartiers pour chacun à 4 livres l'aulne la somme de .... 60 l.

Pour dix-huit aulnes de taffetas bleu huit fils pour faire banderolles auxdites trompettes, qui est une aulne et demie pour chacun d'eux à raison de cent sols l'aulne .... 90 l.

Pour vingt-quatre aulnes de canevas des Flandres pour faire douze pourpoints pour servir auxdits trompettes, qui est deux aulnes pour chacun d'eux, audit prix de trois livres l'aulne la somme de .... 72 l.

Pour trente aulnes de boucassin blanc pour servir à doubler lesdits pourpoints, qui est deux aulnes et demi pour chacun d'eux, au prix de une livre l'aulne, la somme de .... 30 l.

Pour douze aulnes de taffetas blanc de Genève pour faire parements auxdits pourpoints, qui est une aulne pour chacun, au prix de quatre livres l'aulne, la somme de .... 48 l.

Pour six aulnes de revesche blanche pour servir à garnir lesdits pourpoints, qui est de demi-aulne pour chacun, audit prix de...................... 7 l. 10 s.

Pour dix-huit aulnes de canevas pour servir à garnir et doubler lesdits pourpoints, qui est une aulne et demie au prix de quinze sols l'aulne, la somme de 13 l. 10 s.

Pour soixante-dix aulnes de revesche blanche pour garnir et doubler douze paires de chausses pour servir auxdits trompettes qui est cinq aulnes et demi pour chaque paire, audit prix de........... 82 l. 10 s.

Pour dix-huit aulnes de toile blanche pour doubler lesdits chausses, qui est une aulne et demi pour chaque paire, au prix de vingt-cinq sols l'aulne, la somme de................................ 22 l. 10 s.

Pour six aulnes de futaine blanche pour faire pochettes auxdites chausses, la somme de............. 6 l.

Pour douze chapeaux doublés de taffetas et garnis de leurs cordons aux couleurs du Roy, livrés à douze trompettes dud. sieur, à raison de quatre livres 10 sols chacun, ci .... 54 l.

Pour douze ceintures et pendants d'épée de maroquin
    bleu, piqués de soie auxdites couleurs et ferrures
    dorées à raison de 100 sols, pour chaque ceinture
    et pendant d'épée, la somme de................... 60 l.
Pour douze paires de jarretières de soie bleue à 60 sols
    la paire, pour servir auxdits trompettes, la somme de   36 l.
Pour cinq cent quarante aulnes de galons d'argent fin
    pesant 182 onces pour mettre sur douze casaques
    de velours pour servir aux douze trompettes du
    Roy, qui est de quarante cinq aulnes pour chacun,
    à raison de trois livres 10 sols l'once, la somme de.. 637 l.
Pour trente-six douzaines de boutons à queue, aussi
    d'argent fin pesant soixante-trois onces, six gros
    pour mettre sur lesd. casaques, qui est de 3 douzai-
    nes pour chacun, audit prix de.................. 236 l. 1 s. 6 d.
Pour vingt quatre onces de soie pour servir à coudre
    lesdits passements et boutons et faire lesdites casa-
    qués qui est de deux onces pour chacun, à 30 sols
    l'once, ci....................................... 36 l.
Pour cent vingt aulnes de franges d'or fin d'un pouce
    et demi pour employer à garnir et mettre en double
    à l'entour de douze grandes banderolles de taffetas
    bleu semées de fleurs de lys, pesant quarante-cinq
    onces et demi pour servir auxdites trompettes, à
    raison de 100 sols l'once, la somme de .... 227 l. 10 s.
Pour cinquante quatre aulnes de franges de soie bleue
    pour mettre sous lad. frange d'or, pesant vingt-qua-
    tre onces, au prix de 30 sols l'once, la somme de... 36 l.
Pour six onces de soie pour servir à coudre lesdites
    franges et faire les dites banderolles, ci .... 9 l.
Pour douze grands cordons d'or fin et soie bleue, gar-
    nis de houppes et revêtus de crépines et boutons
    d'or, pesant quatre cent quatre vingt huit onces
    pour servir auxdits trompettes, à raison de quatre
    livres l'once, la somme de..................... 1592 l.
Pour cent quarante quatre aulnes de passement de
    couleurs pour border douze manteaux pour servir
    auxdits douze Trompettes[1], ci.................. 33 l. 7 s. 10 d.

Lors de la cérémonie du sacre de Louis XIV qui se fit à
Reims le 7 juin 1654, les douze trompettes étaient habillés de
taffetas blanc[2]. D'après le bibliophile Jacob, ce monarque

1. *Arch. Nat.* K. K. 156.
2. *Sacre de Louis XIV*. Paris, Jean-Michel Garnier, 1720.

donna, à une époque indéterminée, des casaques bleues aux officiers de sa maison, brodées d'or et d'argent[1].

Le costume des trompettes de la Grande Écurie se composa depuis cette époque et jusqu'à la Révolution de l'habit bleu foncé, veste et culotte rouges, avec galons d'or et d'argent pour la culotte et la veste seulement.

Toutefois, en 1663, il est à remarquer que les galons des officiers, cousus sur leurs manches, sont en bracelet ou en travers pour la Grande Écurie, tandis qu'ils sont en quille, c'est à dire de haut en bas, pour la Petite Écurie[2]. De même, en 1718, les premiers avaient l'ouverture des poches en travers, tandis que les seconds l'avaient droite[3].

Nous avons vu, dans un chapitre précédent, que les costumes des trompettes des plaisirs n'étaient galonnés que d'argent[4].

Ces costumes n'appartenaient pas aux trompettes de la Grande Écurie, du moins aux huit trompettes qui n'avaient pas le titre de trompettes ordinaires. Pour eux, on ne faisait de costumes que lors du sacre des rois, et ceux-ci étaient ensuite déposés aux magasins des Écuries pour leur être distribués toutes les fois qu'ils avaient un service à faire ; souvent même, ils n'étaient pas renouvelés de vingt ans, alors que les quatre trompettes ordinaires étaient habillés tous les quatre ans avec la maison militaire du roi et conservaient la propriété de leurs costumes[5]. Toutefois les renseignements qui précèdent, quoique puisés aux sources les plus authentiques, semblent en contradiction avec la lettre suivante, qui remet certaines choses au point :

Monsieur

J'ai eu l'honneur de vous remettre un extrait de la Chambre des comptes, par lequel il paraît qu'ès années 1648 et les suivantes le Roy donnait à six Trompettes de la Chambre des chapeaux tous les ans ; vous aurez la bonté d'observer que les douze Trompettes servaient six

---

1. *Costumes historiques de la France.* Paris, administration de librairie, s.d. — Un brevet de Louis XIV, du 24 août 1643, autorisait cependant les huissiers de la Prévôté de porter des manteaux ou casaques de couleur et livrée de Sa Majesté. (*Code des Commensaux, II. Loc. cit.*)

2. *État de la France pour 1663.*

3. *État de la France pour 1718.*

4. *Arch. Nat.* O¹ 878.

5. *Arch. Nat.* O¹ 855.

par année, auxquels on donnait à chacun un chapeau par an ; dans la suite Louis XIV choisit et fixa le nombre à quatre pour servir ordinairement près de lui ; nous ne savons pas pourquoi on a cessé de nous donner lesdits chapeaux ; nous sommes les seuls à qui on a discontinué de nous les donner, puisque tous les Trompettes des gendarmes, chevaux-légers et autres de la maison du Roy en ont tous les ans ; c'est pourquoi, Monsieur, je vous prie tant en mon que celui de mes camarades de représenter nos raisons à Son Altesse Monseigneur le prince Charles que nous supplions de nous faire accorder lesdits chapeaux qui font partie de l'habillement où l'on nous donne habit, veste, culotte, bas, ceinturon, manteau, aiguillettes et de la toile tous les ans pour cravates ; j'espère que vous voudrez bien nous être favorable et appuyer notre demande auprès de Son Altesse, c'est la grâce que je vous demande et je suis avec beaucoup de considération,

.   Monsieur
Votre très humble et très obéissant serviteur
                                                      RODDES

A Versailles, le 3me avril 1732.

Cette lettre était accompagnée des suppliques suivantes :

A Monseigneur

Les quatre Trompettes de la Chambre et Ecurie du Roy supplient très humblement Votre Altesse d'avoir la bonté de leur accorder des chapeaux tous les ans, comme le Roy en accorde à tous ceux de sa maison.

*
* *

A Nos Seigneurs des Comptes

Supplient humblement Elie Nouleaux, Jean Roddes, Georges Desmoulins et Antoine de Charmes, tous quatre Trompettes de la Chambre et Grande Ecurie de Sa Majestée, disant qu'ils auraient besoin d'avoir extrait des parties employées dans les comptes des Ecuries du Roy des années mil six cent cinquante-six, mil six cent cinquante huit et mil six cent soixante sous le nom de Pierre Semigon, chapelier servant les Ecuries, pour justifier des chapeaux qu'ils avaient le droit d'y prendre. C'est pourquoi ils ont recours à l'autorité de la Chambre pour leur être sur ce pourvu.

Ce considéré, Nosseigneurs, il vous plaise promettre aux suppliants de faire extrait des desdites parties employées dans lesdits comptes des Ecuries du Roy pour leur valoir et servir ce que de raison et vous ferez bien.

                                      GENEST DE QUINCEY [1].

---

1. *Arch. Nat.* O¹ 878.

Une note mise en tête de la pétition dit : « On continuera de leur fournir comme par le passé ». L'ambiguité de la réponse ne nous permet pas de savoir si les Trompettes de la Chambre eurent leurs chapeaux tous les ans ou tous les deux ans.

Lors des funérailles des Rois, les Trompettes portaient le deuil. A l'enterrement de Charles VIII, ainsi que nous l'avons vu, les Trompettes étaient vêtus de noir[1] ; nous trouvons également, dans divers comptes, qu'il fut fourni aux Trompettes pour les obsèques de Louis XII, en 1515, vingt-quatre aulnes et demi de drap noir à 4 livres l'aulne[2], et de même, au convoi funèbre d'Henri IV, il fut employé quarante aulnes de crêpe noir à 3 livres l'aulne, pour couvrir les douze Trompettes[3]. Lors des funérailles de François II en 1584, nous voyons les Trompettes à pied, vêtus en deuil de longues robes, leurs trompettes et banderolles couvertes de crêpe noir[4].

Notons ici pour mémoire que les Trompettes en dehors de leur livrée portaient souvent des costumes de fantaisie lorsqu'ils assistaient aux carrousels et aux divertissements de la cour, comme par exemple au tournoi de 1625 où trente trompettes étaient vêtus de robes *à la moresque* faites de gaze d'argent ou rouge et coiffés de chapeaux plats à larges bords ; les bardes de leurs chevaux et les banderoles de leurs trompettes étaient de même couleur et de même étoffe que leurs vêtements[5]. De même, une gravure de l'*Histoire de la Musique* nous représente un trompette de la Grande Écurie dans un costume de carrousel qui est un véritable déguisement de sauvage[6]. Mais cela sort trop du cadre de cette étude pour nous y arrêter plus longtemps.

Les premières banderolles ou pennons de trompettes que nous trouvons (*Voir planche I*) sont bleues, ornées de trois fleurs de lys d'or. En 1386, il est compté à Robert de Varennes et Henry Gontier, brodeurs, 15 livres tournois pour or, franges et façon de trois pennons de trompettes, dont un semé de fleurs de broderie ; 10 livres pour un pennon à trois fleurs de

---

1. Godefroy. *loc. cit.*
2. *Bibl. Nat.* Mss. fs. frs. 27.739.
3. *Arch. Nat.* K. K. 156.
4. Godefroy, *loc. cit.*
5. Bibl. Jacob, *loc. cit.*
6. Lacroix fils. *Histoire de la Musique.* Paris. Quantin, éd. s. d.

lys d'un côté et d'autre; et 40 sols tournois pour franges et façon d'un autre pennon « qui est de couture[1] ».

En 1419, Antoine Denardouse, marchand de soie habitant d'Avignon livre six pièces de tiercelin blanc, vermeil et azur à Bertrand de la Barre, peintre et à Pierre Chambrier, tailleur de robes, pour faire cinq bannières de trompettes[2]. En 1420 Robert de Lisle, peintre, recevait trois cent dix livres pour avoir, entre autres travaux, « peint trois bannières de trompettes sur tiercelin battu de fin or, toutes les choses dessus dites faites à huile et bien richement comme il appartient[3] ».

A partir de cette époque, nous trouverons d'une façon régulière et définitive les bannières bleues.

En 1464, il est quittancé :

A Perrin Henry marchand de Paris, pour six aulnes de taffetas bleu de Florence pour faire quatre bannières pour les quatre Trompettes du Roy, à raison d'une aulne et demi pour chacune la somme de... 12 l. 15 s. t.

A Jean Hulot, brodeur du Roy, pour quinze onces de soie bleue mise et employée à faire douze cordons mi-partie d'or et de soie au prix de 11 sols l'once pour deux livres de fil d'or de Gênes qu'il a employées tant à mi-partie avec lad. soie pour faire lesdits cordons qu'à faire les boutons et houppes de ces boutons...................................... 49 l. 12 s. 6 d.

et pour la façon desdits douze cordons, boutons et houppes .... 8 l. 6 s.

A Nicolas Damiens, peintre demeurant à Paris pour avoir fait et assis fin or battu sur lesd. quatre bannières 24 grandes fleurs de lys, c'est à savoir en chacune six, trois de chaque côté, au prix de cent sols tournois pour chaque bannière, pour or et façon[4] .... 20 l.

De même, en 1570, Jean Perrault, brodeur reçoit le prix des fournitures suivantes :

Pour vingt-quatre cordons longs de deux aulnes, chaque cordon fait moitié de fil d'or et moitié de soie bleue, avec deux houppes garnies chacune de crépine d'or, fournis et livrés aux douze trompettes du Roy pour mettre à leurs banderolles et trom-

---

1 et 2. *Arch. Nat.* K. K. 34.
3. *Ibid.* K. K. 53.
4. *Ibid.* K. K. 65.

pettes, qui est à chacun des deux cordons pesant
ensemble quinze marcs, trois onces et demi, à rai-
son de vingt-deux livres 10 sols le marc......... 347 l. 6 s. 10 d.
Pour cent vingt aulnes de petite frange de fil d'or pour
mettre entre deux franges de soie bleue pour franger tout alentour lesdites douze banderolles, revenant à dix aulnes pour chacune, pesant ensemble
onze marcs, deux onces, qui est à raison de vingt-
cinq livres le marc......................... 281 l. 5 s.
Pour soixante aulnes de frange de soie bleue pour
franger lesdites banderolles et être lad. frange
enfermée et cousue entre deux franges de fil d'or
cousues de chaque côté desd. banderolles, revenant
à cinq aulnes pour chacune, pesant ensemble vingt-
deux onces, tros gros, à raison de 26 sols l'once .. 29 l. 1 s. 6 d.

Enfin Laurent Vouet, « peintre servant les Ecuries du Roy »,
reçoit en 1610 la somme de 144 livres pour avoir peint et doré
à l'huile douze banderolles de taffetas bleu et sur chaque côté
d'icelles fait et figuré trois grandes fleurs de lys d'or, pour
servir à douze Trompettes du Roy audit couronnement et
retour de la Reine.

Le même Vouet, à l'occasion du mariage de la princesse de
Galles, sœur du Roy et reine de la Grande-Bretagne en 1625,
est payé 72 livres pour avoir peint et doré d'or au trait ordinaire, quarante-huit fort grandes fleurs de lys d'or sur huit
grandes banderolles de taffetas bleu pour servir à huit Trompettes que le Roy a commandé d'habiller pour assister à la
cérémonie du mariage de ladite dame fait en l'église Notre-
Dame de Paris, « qui est six fleurs de lys sur chacune desdites
banderolles, à raison de 30 sols pour chaque fleur de lys »[1].

Ajoutons, pour être complet, qu'il existait dans la Grande
Ecurie deux charges de faiseurs de cors et trompettes aux
appointements de soixante livres par an ; ce furent, de 1674 à
à 1688, Jacques Chrétien et Jean Duguet[2]. Quant aux instruments, l'on peut se rendre compte, par les gravures, de leurs
formes successives aux diverses époques, mais leur étude au
point de vue musical ou instrumental ne rentre pas dans le
cadre que nous nous sommes tracé.

---

1. *Arch. Nat.* K. K. 186.
2. *Bibl. Nat.* Mss. fs. frs. 11200.
3. *Arch. Nat.* Z 1a 475.

II

TROMPETTES DE LA MAISON MILITAIRE

INTRODUCTION

Sous l'ancien régime, de même qu'aujourd'hui, les corps de cavalerie possédaient des trompettes, tandis que l'infanterie avait alors des tambours, des hautbois et des fifres ; mais certaines compagnies privilégiées étaient seules sous la dépendance immédiate du Roi et composaient sa maison militaire.

Les trompettes de la maison militaire s'intitulaient, comme ceux de la Grande Ecurie, *trompettes du Roi*, et jouissaient également des avantages réservés aux commensaux de la maison royale.

L'étude rapide de ces charges nous amènera à signaler les modifications apportées successivement à la composition de la maison militaire du Roi qui comprenait, comme troupes à cheval, les Mousquetaires, les Gardes de la prévôté de l'hôtel, les Chevaux-légers et les Gendarmes de la garde, ainsi que les Gardes du corps.

Une déclaration du Roi du 1er octobre 1686 [1] ayant donné la préséance aux gardes du corps, puis aux gendarmes et enfin aux chevaux-légers de la garde, nous observerons cet ordre ; malheureusement, les lacunes seront nombreuses, en raison de la disparition de la plupart des documents et registres concernant ces divers corps.

---

1. *Code des commensaux, I, loc. cit.*

CHAPITRE I

GARDES DU CORPS

Les Gardes du Corps, qui, au début, étaient deux cents archers français, ne comptaient qu'un seul trompette aux appointements de 15 livres par mois. Ce furent :

1483-1497	Pierre Desmoulins.
1498-1516	Bernardin Béranger.
1516	*Jean Jonzac.*
1548-1549	Jacques Galland
1549-1550	Georges Aubert.
1550-1563	Etienne Meunier.
1563-1571	Pierre Sudour.
1571-1572	René Sudour.
1572-1574	*Aimé Pissevin.*
1574	Henri Aubert [1].

En 1634, les archers du corps du Roi sont répartis en quatre compagnies, trois françaises et une écossaise, et sont maintenus dans les exemptions de taille [2]. Il semble que chaque compagnie ne dût avoir encore longtemps qu'un seul trompette qui, vraisemblablement, touchait 375 livres par an, comme les simples gardes.

En 1661, les exempts et les gardes des quatre compagnies avaient, outre leurs gages et récompenses, chacun 25 livres pour le droit de guet et 12 livres pour le droit de hocqueton. De plus, le Roi leur faisait distribuer journellement douze pintes de vin et douze pains, qui leur étaient donnés par le contrôleur du guet de chaque compagnie, savoir six pintes et six pains le matin et autant le soir, *quand Sa Majesté est couchée* (c'est ce qu'on appelait le vin du guet). Ils avaient, en outre, aux quatre fêtes solennelles de l'année, pour chaque compagnie, un septier de vin de table, six pains de bouche, la moitié d'un veau ou mouton, quatre gibiers ou volailles. Ils

---

1. *Bibl. Nat.* Mss. fs. fr. 8005.
2. *Code des Commensaux*, I, *loc. cit.*

jouissaient des mêmes privilèges et prérogatives que les autres officiers commensaux de Sa Majesté[1].

De même que les gardes du corps portaient une bandoulière de couleur différente suivant la compagnie, de même leurs trompettes avaient la housse rouge et le tablier de la trompette aux couleurs de leur compagnie[2].

Nous avons vu que la charge de trompette des plaisirs était donnée au plus ancien trompette de chaque compagnie, et que leur fonction était de servir avec le guet. En 1691, sur les 28 trompettes des gardes du corps, il n'y avait que les quatre des plaisirs qui étaient en charge et comptaient chacun à la première brigade de leur compagnie[3]. Les autres étaient affectés à chacune des six brigades des quatre compagnies, avaient la paie des gardes et 260 livres chacun de gratification[4].

Cela explique pourquoi nous ne trouvons, dans les contrôles suivants, qu'un seul trompette par compagnie. Toutefois, nous devons signaler la mention spéciale de *trompette des plaisirs* en 1727 ; nous voyons aussi à la 4e compagnie un 1er et un 2e trompette à partir de 1739, sans que nous ayions pu élucider la signification de ce titre ; enfin nous constatons la mention du trompette du guet sur les contrôles de la 1re compagnie.

1re Compagnie ou Compagnie écossaise

1624-1625	Georges Fergusson) demeurant à la suite de M. le
»	Robert Romazay) marquis de Gordon, capitaine.
1654-1671	*François Frisquet-Salle*[5].
1668	Léger.
. . . .	
1719-1739	Lescœur.
1738	Boireau, *trompette du guet.*
1752-1758	Haust[6].
1758-1766	Lange.
1759-1763	Briard.

---

1. *Etat de la France pour 1661.*

2. *Arch. Nat.* O¹ 878.

3. *Etat de la France pour 1691.*

4. *Etat de la France pour 1718.*

5. Servit alternativement à la 1re et à la 2e compagnie.

6. Est mentionné sur le même contrôle de 1756 à 1758 comme trompette du guet.

1764-1771 Joseph Chamafin Fribourg.
1766-1771 Louis-Barthélemy Pian.
1776-1784 Christophe-Isaac Vandreline.
1783-1784 Antoine Molidor.
1784-.... Henry Bork [1].
1784-.... Joseph Schraff [2].

2me *Compagnie*

1662-.... *François Frisquet Salle.*
1668-1671 Dominique Cassainart dit La Fleur.
1668-.... René Huyer, dit La Verdure.
. . . .
1758-.... Mandelot.
1758-.... Lambert.
1758-1762 Charles Anciau, 1er trompette.
1758-1768 Pierre Wattelet, 2e trompette.
1763-1767 Pierre Protin du Mesnil.
1768-1775 Charles Quentin.
1770-1775 Antoine-Georges Krug.
1777-1783 Jean-Christophe Lambert.
1777-.... Etienne-André Saintonge.
1780-1783 Henry Bork [3].

3me *Compagnie*

1699-1703 Alphonse Guillarmont, dit La Place.
1704-1706 Jacques Craby.
1725-.... Jean Le Couet de la Marche.
1726-.... Bazot.
1727-1733 Jacques de la Vallée, *trompette des plaisirs.*
1734-.... Antoine Saint-Maurice.
1735-... La Rose.
1736-1741 Laurent de Reynet
1742-1746 Michel Richard.
1747-1756 Jean Desabayes.
1757-1764 Charles-Nicolas Hequin.
1758-1759 Paul Diobase, dit La Pierre.
1764-1773 Jean-Eloy Viard.
1767-.... Pierre Saintonge.
1780-1784 Antoine Fertel [4].

---

1. Servit de 1781 à 1783 à la 2e compagnie.
2. *Arch. Nat.* Z 1a 501.
3. *Arch. Nat.* Z 1a 499.
4. *Arch. Nat.* Z 1a 503.

4ᵐᵉ *Compagnie*

1668-....	Thomas de Beaulieu.
1700-1731	Pierre Le Mayre[1].
1707-....	Stoffelte.

. . . .

1739 -....	Charles Brulot, dit La Feuille, *1ᵉʳ trompette*.
1745-1764	François Brulot, dit La Feuille.
1759-1761	*Pellissier*.
1746-1767	Adrien-Martin Brulot, dit La Feuille[2].
1765-1778	Jean-Eugène Saintonge[3].
1770-1784	Antoine Fonkre.
1782-1784	Joseph Michel, dit Bizardon[4].

A ces listes, ajoutons François Cochinat en 1740[5] et *Jean Pelissier* en 1741[6].

CHAPITRE II

GENDARMES DE LA GARDE

Nous trouvons la première mention des Gendarmes de la garde dans une ordonnance du roi Henri III (1588) portant confirmation de privilèges en leur faveur[7].

En 1625, il est mandaté à Laurent Vouet, peintre servant les Ecuries du Roi, la somme de 36 livres pour avoir peint et doré de fleurs de lis quatre banderolles de taffetas bleu pour servir aux quatre trompettes de la compagnie des gendarmes du Roi[8].

En 1662 la compagnie ne comptait plus que deux trompettes, mais leur nombre revenait à quatre en 1682, et ils touchaient, à ces deux époques, 90 livres par mois[9]; ce qui expli-

---

1. Est porté de 1722 à 1726 comme trompette des plaisirs.
2. 1ᵉʳ trompette en 1765.
3. 2º trompette en 1765.
4. *Arch. Nat.* Z 1ᵃ 500 et 501.
5. *Code des Commensaux,* I. *loc. cit.*
6. Etat-civil de Riom-ès-Montagnes.
7. *Code des commensaux. I, loc. cit.*
8. *Bibl. Nat.* Mss. fs. frs. 11.200.
9. *Etats de la France pour 1662 et 1682.*

que cette solde élevée, c'est que les gendarmes portaient armes complètes, c'est-à-dire cuirasse, cuissards, brassards, etc., et étaient payés pour deux hommes, obligés qu'ils étaient d'avoir chacun un homme de service [1].

De plus, les gendarmes de la garde pouvaient encore disposer alors de leurs charges, ce qui n'était plus permis aux chevaux-légers [2]. Ils jouissaient également de tous les privilèges et avantages des commensaux de la maison du Roi [3].

Notons, parmi les trompettes :

1662-1664	Guillaume Bourlet de Douzy.
1662-1678	Pierre Jeulin, dit l'Espérance.
1678-1729	Mathurin Pellerin, à Marly.
1678-1706	Joseph Pilliot, à Coulommiers.
1678-....	Antoine Royaux.
1706-....	Placide Caraffe, à Paris [4].

. . . .

1729-....	Gabriel Luard.
1729-....	François Simonin.
1729-....	Didier Gérôme Cochinat.
1752-1775	Simon Bourdault père, à Pontoise.
1752-1764	Simon Bourdault fils, à Pontoise.
1752-1775	Pierre-Nicolas Périard, à Jouy-le-Moustier.
1752-1761	François Caraffe, à Paris [5].
1761-1775	Rosty, à Pontoise.
1764-1775	Nicolas d'Orgebray, à Beauvais [6].

CHAPITRE III

CHEVAUX LÉGERS DE LA GARDE

Les chevaux légers de la garde du Roi ne formaient, en 1610, qu'une seule compagnie, qui comprenait trois trom-

---

1. *État de la France pour 1661.*
2. *États de la France pour 1682 et 1718.*
3. *Code des Commensaux, I, loc. cit.*
4. *Était timbalier en 1729.*
5. *Devint timbalier en 1761.*
6. *Arch. Nat,* 1a 508.

pettes. Il fut payé, cette année là, pour leur habillement, à Jehan Coustard, marchand :

Pour dix aulnes et demi de fin drap de Berry bleu turquin, livrées à Delorme, tailleur des écuries du Roi, pour employer à faire manteaux auxdits trois trompettes, qui est trois aulnes et demi pour chacun, à raison de 8 livres l'aulne.............. 84 l.

Pour douze aulnes de fine revesche orangée façon d'Angleterre pour servir à doubler lesdits manteaux qui est de quatre aulnes, à 50 sous l'aulne..................................... 30 l.

Pour un tiers et demi de velours de Gênes orangé pour doubler les collets desdits manteaux, à 10 livres l'aulne......... 100 s.

Pour quinze aulnes de velours de Gênes bleu turquin, meilleur et plus fort que le précédent, livrées audit Delorme pour employer à faire trois grandes casaques pour servir auxdits trois trompettes, qui est de cinq aülnes chacun, à raison de douze livres l'aulne .... 180 l.

Pour douze aulnes de treillis d'Allemagne orangé pour doubler lesdites casaques, qui est de quatre aulnes pour chacun, à 20 sols l'aulne .... 12 l.

Pour quatre aulnes et demi de taffetas bleu Turquin pour servir à faire banderolles auxdites trois trompettes, qui est d'une aulne et demi pour chacune à 4 l. 10 sols l'aulne...... 25 l. 5 s.

A Lubin Legrand, passementier :

Pour 195 aulnes de passement[erie] de soie orange, bleu, blanc et noir et fleurs de lis d'un côté, large d'un doigt, pesant 30 onces pour employer à chamarrer trois grandes enseignes de velours bleu et trois manteaux de drap de lad. couleur pour servir auxdits trois trompettes, qui est de 30 sols l'aulne... 292 l. 10 s.

Pour 6 douzaines de boutons de soie à longue queue pour servir à mettre sur lesdites casaques, qui est deux douzaines pour chacune à 40 sols la douzaine...................... 12 l.

Pour trois gros boutons de soie desdites couleurs à longue queue pour mettre au pied de chacun des collets desdits manteaux à 8 sols pièce...................................... 24 s.

Pour sept onces et demi de soie pour tenir à coudre lesdits passements et boutons pour faire lesdites casaques et manteaux, qui est de deux onces et demi pour chaque casaque et manteau à 30 sols l'once................................... 11 l. 5 s.

Pour trente aulnes de frange d'or fin d'un pouce de large pesant neuf onces pour employer à garnir et mettre en double à l'entour de trois banderolles de taffetas bleu semé de fleurs de lis pour servir auxdits trompettes....................... 45 l.

Pour 13 aulnes desdites franges de soie bleue pesant cinq

onces et demi pour mettre sous ladite frange d'or à 30 sols
l'once.. 6 l. 5 s.

Pour une once et demie de soie pour coudre lesdites franges
et faire lesdites banderolles, audit prix.................... 45 s.

Pour trois gros cordons d'or et de soie bleue garnis de grandes houppes, crépines et boutons d'or pesant 90 onces, 6 gros à
raison de quatre livres l'once pour servir auxdits trompettes.. 363 l.

A Pierre Delorme, marchand tailleur d'habits à Paris :

Pour la façon de trois grandes casaques de velours bleu à
l'Albanaise chamarrées de passements de soie aux couleurs du
Roi, autant plein que vide, tout cousus deux fois, garnis de
boutons et boutonnières de soie à longue queue et doublées de
toile orange, pour servir auxdits trompettes, à raison de dix
livres pour façon de chaque casaque....................... 30 l.

Pour la façon de trois manteaux de drap bleu, bordés à
l'entour d'un passement de soie desdites couleurs, doublés de
revesche orange, les collets doublés de velours avec un gros
bouton au pied de chaque collet, à raison de 3 livres pour la
façon de chaque manteau............................. .... 9 l.

Et pour la façon de trois banderolles de taffetas bleu rem-
ployées à l'entour et garnies de soie de la même couleur et
couvertes de deux franges d'or qui est à raison de 40 sols chacune... 6 l.

A Laurent Vouet, peintre :

Pour avoir peint et doré à huile lesdites trois banderolles de
taffetas bleu et avoir sur chaque côté d'icelles fait et figuré
trois grandes fleurs de lis d'or [1] .... 36 l.

En 1625, il existait deux compagnies de chevaux légers,
commandées, l'une par le sieur de Cousteneau et l'autre par
le duc de Luxembourg. Chacune avait trois trompettes pour
lesquels il fut exécuté, cette année-là, des banderolles par
Laurent Vouet et Philippe de Champagne [2]. L'on ne s'atten-
dait guère à voir ce grand peintre porter le titre de *peintre
servant les Écuries du roi* aux gages de 100 livres par an [3], et
peindre, comme Vouet, des fleurs de lis d'or à trente sols la
pièce, sur les banderolles des trompettes.

---

1. *Arch. Nat.* K. K. 156.
2. *Bibl. Nat.* Mss. fs. frs.11200.
3. *Bibl. Nat.* Mss. fs. frs. 21.479.

L'arrêt du Conseil d'Etat du 16 avril 1657, qui maintenait les gendarmes de la Garde en qualité de nobles et d'écuyers, étendait le même privilège aux chevaux légers, mais il n'est plus question alors que d'une seule compagnie, ayant comme capitaine-lieutenant le duc de Navailles [1].

Le nombre des trompettes était toujours de trois, aux appointements de 30 livres par mois [2], tandis qu'en 1682, il était porté à quatre avec le même traitement [3].

Il était dépensé en juillet 1688 la somme de 188 livres 5 sols pour fourniment de housses, bords de chapeaux, chaperons, plumes, rubans, harnais, sangles et étrivières aux quatre trompettes et au timballier des chevaux légers [4]. Les 4 trompettes touchaient 66 livres chacun par quartier [5].

En 1731, un vieux trompette, qui s'appelait Luard, demanda une augmentation de pension de 400 livres par an ; sa pétition était ainsi motivée :

« Le nommé Luard, trompette, en considération de la longueur sans exemple de ses services dans la même charge dont les fonctions sont si pénibles, et du grand nombre d'actions où il s'est trouvé et où il a toujours donné des marques de sa valeur, demande une pension de 200 livres après sa mort pour sa femme, fort âgée, n'ayant ni l'un ni l'autre rien au monde pour subsister, que ce qu'il plaira à Sa Majesté de leur accorder. »

Une note mentionne que ce trompette a servi 57 ans, dont 56 dans la compagnie de Suisse.

Il lui fut accordé 300 livres et 100 livres par extraordinaire et séparé.

Une autre note transcrite en marge porte : Bon à expédier après sa mort [6].

De même, le 13 juin 1736, le duc de Chaulnes, capitaine-lieutenant des chevaux-légers de la garde, exposait au Roi que : « le nommé Dubreuil, trompette, sert à la suite de la compagnie depuis 54 ans. Il a fait encore cette campagne,

----

1. *Code des Commensaux. I, loc. cit.*
2. *Etat de la France pour 1661.*
3. *Etat de la France pour 1682.*
4. Ministère de la guerre. Arch. admin. D a.
5. *Etat de la France pour 1718.*
6. Min. Guerre, D a.

mais sans pouvoir sonner sur la fin, *ce qui était indécent*. N'y ayant plus qu'un seul trompette à la tête de la cornette, il demande sa retraite. »

Il fut accordé par le Roi à Dubreuil 300 livres de pension et 200 livres reversibles sur la tête de sa femme après sa mort [1].

Le même jour, le duc de Chaulnes présentait au Roi les observations suivantes : « Il manque deux trompettes, et comme il n'y en a guère de bons en France, je crois devoir en prendre d'étrangers sous le bon plaisir de Votre Majesté. Il s'en présente deux, l'un Napolitain, l'autre Suisse ; ils sont bons, mais comme ils sont jeunes, il y a apparence qu'ils deviendront excellents. Je demande à Votre Majesté la permission de les prendre. Si Elle l'accorde, je les essayerai à la tête de la brigade avant de les mettre en charge [2]. »

De 1736 à 1754, nous trouvons que la solde des trompettes était de 264 livres par an, tandis que le timbalier touchait annuellement 800 livres [3], mais ils avaient, en outre, des gratifications et des indemnités. Ainsi, le 6 mars 1743, Brulot, dit La Feuille, et Georges, trompettes, représentaient à Sa Majesté qu'ils avaient été obligés de faire beaucoup de dépenses pendant le séjour de la Cornette à Péronne et à Arras, par suite de la cherté excessive des subsistances. Ils espéraient que Sa Majesté voudrait bien leur accorder une gratification extraordinaire de 150 livres, pour subvenir à la modicité de leur paie, ce qui leur fut accordé [4].

Dans le même ordre d'idées, il était octroyé au mois d'octobre 1744, une gratification de 1 livre 15 sols par tête et par jour, à un détachement composé d'un brigadier, un sous-brigadier, vingt-trois chevaux légers et un trompette, accompagnant Sa Majesté lors de son entrée à Strasbourg. La même gratification leur était accordée au retour de Sa Majesté de l'armée à Lille, et cela sur un bon signé du duc de Chaulnes [5].

En 1787, les trompettes des chevaux légers étaient réduits à deux, mais ils touchaient chacun 1164 livres, moins 175 livres de retenue, soit 989 livres net [6].

Comme pour les corps précédents, nous donnons une liste des trompettes que nous avons relevés ; elle est forcément

---

1 et 2. Min. Guerre. D a.

3. C'est sans doute ce qui expliquera la mutation de Wisdeler comme timbalier en 1771, comme celles des Carafle aux gendarmes de la garde.

4, 5 et 6. Min. Guerre. D. a.

incomplète en raison des lacunes que nous rencontrons dans les contrôles, puisque Georges, dont il est question plus haut, n'y est pas relaté.

1663-1665	Jacques Beauvais.
1663-....	Nicolas Beauvais.
1663-1665	Benoit Colavert, dit La Marche.
1665-1677	Pierre de Bray, dit d'Orléans.
1677-....	Nicolas Bertrand.
1677-....	Antoine d'Arles de La Marche.
1675-1731	Gabriel Luard.
1706-1725	Antoine Derlé.
1682-1735	Antoine Dubreuil.
1706-1725	Pierre Bertrand.
1726-1735	Jean-Charles Assandeaux.
1726-1735	*Pierre Roddes*, à Verneuil.
1732-1765	Louis Brulot, dit La Feuille, à Versailles.
1735-1737	Joseph Schiano, à Versailles.
1735-1754	Jacques Philippe Périard.
1738-....	Jacques Enard.
1739-....	Joseph Textor.
1739-....	François Grimer.
1740-1742	Charles-Nicolas Héquin.
1740-1771	François-Charles Wisderler, à Versailles.
1742-1771	Georges Freihammer, à Paris.
1760-1771	Charles-Simon Wisderler, à Versailles [1].
1765-1769	Michel Fischer, à Paris.
1771-....	Michel Hayna [2].

CHAPITRE IV

MOUSQUETAIRES

Les mousquetaires, au XVII° siècle, faisaient partie de la garde ordinaire du Roi ; ils marchaient deux à deux devant tous les autres gardes quand le Roi sortait, et portaient la casaque bleue ornée de galons d'argent, avec la croix en broderie de même. Ce corps comprenait, en 1661, deux trompettes qui touchaient 40 sous par jour comme les autres mous-

---

1. Passa timbalier en 1771.

2. *Arch. Nat.* Z 1a 504-506.

quetaires et jouissaient en outre, de tous les privilèges des officiers commensaux [1].

Les mousquetaires offraient une particularité ; c'est que, faisant le service à pied et à cheval, ils avaient des fifres et des tambours pour le service à pied et des trompettes pour le service à cheval. En 1663, les trompettes et les fifres furent supprimés et remplacés par des tambours et des hautbois à cheval [2]. Nous ne devons donc les signaler que pour mémoire.

CHAPITRE V

PRÉVOTÉ DE L'HOTEL DU ROI

La Prévôté de l'hôtel formait une compagnie sous les ordres du Grand prévôt de France, qui était chargé de la police de la Cour et de tous les lieux où résidait le Roi.

Les premiers privilèges qui furent concédés aux archers de la prévôté de l'hôtel, datent de 1553 ; ils les admettent au rang des officiers commensaux de la maison du Roi [3]. Mais déjà, en 1547, nous voyons *Pierre Marry* trompette de la prévôté de l'hôtel du Roy [4].

Les renseignements que nous possédons sur ce corps ne sont pas des plus abondants ; toutefois, nous trouvons qu'en 1661 il comprenait 96 gardes à cheval servant par quartier aux appointements de 272 livres 10 sols par an ; ils avaient, en outre, 60 livres d'extraordinaire quand le Roi voyageait et 3 livres quand Sa Majesté touchait les écrouelles. Ces gardes portaient comme marque de leur ancienneté, le hocqueton incarnat, blanc et bleu, avec la masse d'Hercule, ainsi que la devise du Roi en broderie d'or, tout le hocqueton couvert de L L couronnées aussi de broderie d'or avec des paillettes

---

1. *Etat de la France pour 1661.*

2. *Les uniformes de l'armée française,* liv. 6 et 7, par Leinhart et Humbert. Ruhl. éd , Leipzig.

3. *Code des Commensaux, I. Loc. cit.*

4. *Bibl. Nat.* Ms. fs. frs. 7853.

d'orfèvrerie, ce qui est la plus ancienne marque des gardes de la maison des Rois de France [1].

En 1662, comme en 1718, les appointements du trompette étaient également de 272 livres [2]. Il y a fort à supposer qu'il devait toucher les mêmes indemnités qu'en 1661, car il est dit en 1718, que les gardes de la prévôté avaient quelques gratifications quand le Roi touchait les malades [3].

Nous relevons comme trompettes :

```
1662-....   Jean Froment.
1671-1696   Louis Pinault.
1697-1705   Nicolas Chanterelle.
1706-1713   Thomas Vannin.
1714-1731   François-Joseph Faciot
1734-....   Nicolas Leclerc.
1735-1786   Joseph-Jacob de Pingy [4].
```

CHAPITRE VI

GRANDE PRÉVÔTÉ DE LA CONNÉTABLIE DE FRANCE

La connétablie de France était une juridiction qui instruisait et jugeait les délits des gens de guerre en service, ainsi que les malversations dont pouvaient se rendre coupables les officiers de guerre. Le Grand prévôt de la connétablie de France était à la tête des gardes de la connétablie. Tous autres renseignements nous font défaut ; néanmoins, parmi les trompettes de ce corps, nous trouvons :

```
1664-....   Nicolas Olivier.
1672-....   François des Rosiers, à 100 livres par an.
1682-....   Pierre Curet.
1700-1701   Pierre Groslé.
1706-....   Vincent d'Amour.
1723-....   Philippe Poiret.
```

---

1. *Etat de la France pour 1661.*
2. *Etats de la France pour 1662 et 1718.*
3. *Etat de la France pour 1718.*
4. *Arch. Nat.* Z 1a 509.

1728-....   Louis-Charles Rousset, en remplacement de Nicolas Gautier.

1731-....   Edme Danne, reçu le 4 janvier 1731, ayant acheté de Pierre-Antoine Magnan.

1736-. ..   Nicolas Bérard de La Rivière, en remplacement de Nicolas Hussenot.

1746-....   Gabriel Regnault d'Horteloup, reçu le 6 décembre 1746, à la place de François Gaynichon, reçu lui-même le 4 avril 1745, en remplacement de Jeanne-Pierre Magin.

1748-....   Pierre Sivot.

1786-1787   Joseph Bon.

1788-....   Joseph Kiény.

1789-....   Pierre Mansard, dit la Vigueur [1].

---

1. *Arch. Nat.* Z 1a 510.

CHAPITRE VII

I

Les reines de France avaient bien parmi le personnel de leur maison de nombreux joueurs d'instruments, mais pas plus dans leur musique que dans leur Ecurie, nous ne relevons de trompettes.

Lors de leurs déplacements, elles devaient parfois être escortées d'un trompette du Roi, comme nous le prouve la mention suivante : *février 1563, pour la dépense d'un trompette du Roi qui a été au voyage du camp ce dit mois, à la suite de la dite Reine* (Catherine de Médicis), *19 livres 4 sols* [1].

Par contre, la Reine avait une compagnie de 120 gardes qui servaient par quartier aux mêmes gages, honneurs et prérogatives que les gardes du corps du Roi, ayant comme eux la qualité d'écuyers. Ils étaient compris au nombre des commensaux et recevaient à cet effet pain, vin, flambeaux de guet, chandelle soir et matin, de la viande aux quatre fêtes solennelles et des cierges à la Chandeleur.

En outre de ces gardes, la Reine avait encore deux compagnies composées de gens d'armes et de chevaux légers, lesquels jouissaient des mêmes prérogatives et exemptions que les autres officiers de la dite Majesté [2].

En 1636, *Gratian Rode* était trompette à la compagnie de la Reine [3]. Plus tard, nous trouvons comme trompettes, *aux gardes du corps de la Reine* : en 1665, Thomas d'Orléans et Martin Chambrier, à 180 livres par an ; *aux chevaux légers* : en 1661, Joseph de la Fontaine, Claude de la Jeunesse et Balthazar Petit [4], en 1665, Lambert de Croizilles et François de la

---

1. *Arch. Nat.* K. K. 121.
2. *Etat de la France pour 1661.*
3. Arch. com. de Marchastel (Cantal). Registres paroissiaux.
4. *Arch. Nat.* Z 1a 511.

Jeunesse ; *aux gendarmes de la Reine :* en 1664, Lucas Benjamin et Robert Hanicle, et en 1686, François Marin [1].

De même, la reine mère Marie de Médicis avait également ses trois compagnies de gardes du corps, de gendarmes et de chevaux-légers, qui participaient aux mêmes avantages. En 1664, il y avait comme trompettes des *gardes du corps :* Thomas d'Orléans et Martin Chambrier, qui touchaient exceptionnellement 300 livres par an ; *aux gendarmes :* en 1662, Jacques Ruffé, dit La Vallée et Toussaint Ligny, dit Belle Epine, et en 1664, Jean Rocoul et Bonaventure Siméon ; enfin *aux chevaux légers :* en 1665, Etienne du Bos et Charles Bail [2].

II

TROMPETTES DES PRINCES

Les princes du sang eurent aussi de tous temps des trompettes parmi leurs ménestrels ou leur maison militaire. En 1416, Montguillon était trompette dans les ménestrels de Jean duc de Berry [3]. En juillet 1464, on versait à Henry l'Ecossais, *trompette du duc de Bourgogne,* la somme de 33 livres tournois pour le paiement d'une petite haquenée grise, achetée à Hesdin [4].

Plus tard, en 1622, nous trouvons *Etienne Rodde,* trompette dans la compagnie du prince de Vendôme [5], tandis que Blaise Royer l'était du prince de Condé, en 1623 [6]. En 1640, Monsieur frère unique du Roi avait comme trompette Didier Ourdin [7].

Les princes du sang, ainsi que les maréchaux de France, pouvaient avoir chacun une compagnie de gendarmes, dont

---

1. *Ibid.* 513.
2. *Ibid.*
3. *Bibl. Nat.* Mss. fs. frs. 27.739.
4. *Arch. Nat.* K. K. 65.
5. Registres paroissiaux de Saint-Hippolyte (communication de l'abbé Lafarge).
6. J. Ecorcheville, *Actes d'état-civil de musiciens.* Paris 1907. Le même auteur nous apprend que ce trompette eut, à l'occasion de son mariage avec Cécile Thibault, comme témoin Philippe Boubot, dit La Rose, trompette de la Cie du Roy.
7. J. Ecorcheville, *loc. cit.*

ils étaient capitaines [1] ; mais les premiers seuls avaient également une compagnie de gardes du corps, assimilés aux commensaux royaux comme privilèges et avantages [2].

Jean Maurisset figurait comme trompette aux archers des gardes du corps de feu Monsieur, fils de France, oncle du Roi [3], en 1664 ; et Monsieur reçut le 1er janvier 1669 comme trompettes de sa maison : François Cochinard et Pierre Prouard des Jardins, qui eurent chacun 1.000 livres pour gages, montures et remontes [4].

Par une déclaration du Roy du 13 février 1674, les gardes du corps du duc d'Orléans, frère unique du Roi, étaient réorganisés et comprenaient deux trompettes [5]. Deux ans plus tard, il était mandaté pour l'année la somme de 180 livres au trompette des gardes françaises de Monseigneur, fils de France, frère unique du Roi [6].

Nicolas de Lange et François Cochinat étaient trompettes, en 1701, aux gardes du corps français de Monsieur, duc d'Orléans, aux appointements de 180 livres par an, tandis qu'en 1724 c'étaient Didier Gérôme, Cochinat et Henry le Tonnelier, avec la même solde.

Enfin, eu 1781, les deux trompettes des gardes du corps de Monsieur, frère du Roi, comte de Provence, étaient : Joseph Manguet et Joseph Croniquet, aux appointements invraisemblables de 1.000 livres par an [7].

---

1. *Etat de la France pour 1661.*
2. *Code des Commensaux, I. loc. cit.*
3. *Arch. Nat., Z 1a 517.*
4. *Etat de la France pour 1682.*
5. *Code des Commensaux, I, loc. cit.*
6. *Bibl. Nat. Ms. fs. frs. 20164.*
7. *Arch. Nat. Z. 1 a 520.*

4

Trompettes des Compagnies

Les troupes de cavalerie se composaient au XVIIe siècle de chevaux-légers et de gendarmes ; mais, ainsi que nous l'avons vu, les compagnies du Roi, de la Reine et des princes, jouissaient seules des privilèges des commensaux royaux. Les autres compagnies possédaient aussi des trompettes ; en 1580, Pierre Duthil et Jacques Vidal étaient trompettes dans la compagnie du capitaine Guy de Saint-Gilles, seigneur de Lansac, et touchaient chacun vingt-cinq livres tournois par quartier[1].

Une ordonnance royale du 10 mars 1672 porta qu'il n'y aurait plus qu'un trompette par compagnie de cavalerie française ou étrangère, car « cette liberté d'avoir tant de trompettes que l'on veut, ôte le moyen, aux capitaines moins accommodés, d'en pouvoir trouver facilement[1] ».

Par l'article 3 du règlement du 26 octobre 1650, fait par le Roi, pour le logement, paiement, subsistance et police pour le quartier d'hiver, Sa Majesté ordonna que l'ustensile serait fourni en argent, savoir : (dans l'espèce, à la compagnie des chevaux-légers du sieur de Montmouton) au capitaine 60 sols, au trompette 4 sols par jour[2].

Le trompette était entièrement attaché à son capitaine avec obligation de le suivre, non seulement quand il marchait en tête de sa troupe, mais encore partout où il se rendait à cheval quand il était à l'armée. Le trompette devait être un homme de fatigue et diligent pour être prêt à toute heure d'exécuter les commandements de sonner ; de plus, comme il était souvent employé comme parlementaire, il devait être discret principalement quand il devait être employé dans les pour-

---

1. Comte de Dienne et abbé Dubois. *Rôle d'une compagnie d'hommes d'armes et d'archers en Agenais, en 1580.* Agen 1906.

2. Min. de la Guerre. Arch. historiques, vol. 173.

3. Mémoire manuscrit des habitants de Murat contre le sieur de Montmouton (collection de l'auteur).

parlers ; il ne devait jamais se servir d'autres termes que ceux dont il était chargé et ne s'ingérer jamais de donner aucun conseil afin que, dans les conférences et les traités, on ne trouvât point d'ambiguité ni de sentiments contraires à ceux qu'il avait proposés [1].

Les capitaines devaient donc engager leurs trompettes [2] et, en raison des qualités qu'on exigeait d'eux, leur donner une solde proportionnée à leurs mérites ; l'engagement se faisait parfois devant notaire, comme le prouve l'exemple suivant :

Fut présent Léger Rigonesse, trompette, natif d'Aiziers (?) en Auvergne, proche la ville de Tulle, à présent à Paris, logé rue des Tournelles, proche la place Royale, en la maison de dame Anne, paroisse de Saint Paul, lequel a promis et s'est obligé envers messire Aloph de Godechard, chevalier, seigneur de Bascheville, capitaine d'une compagnie de chevaux-légers du Roi, demeurant ordinairement à St-Rimault, proche Beauvais en Picardie et de présent à Paris, logé rue St-Martin, en la maison où est pour enseigne La Notre-Dame de Paix, paroisse St-Nicolas des Champs, à ce présent et acceptant, de le servir bien et fidèlement en qualité de trompette dans ladite compagnie de chevaux-légers pendant un an à commencer de ce jourd'hui et faire tout ce que ledit seigneur de Bascheville lui commandera de licite et d'honnête en ladite qualité et comme un bon serviteur doit faire, à la charge par icelui sieur de Bascheville de nourrir ledit Rigonesse pendant ledit temps, même lui fournir un cheval, manteau, casaque et cordon [3] aux livrées dudit sieur de Bascheville [4] et en outre moyennant la somme de deux cent cinquante livres, sur laquelle ledit Rigonesse a confessé avoir reçu dudit sieur de Bascheville la somme de cent dix livres dont quittance et le surplus montant à cent quarante livres, il promet lui payer et délivrer d'aujourd'hui en six mois prochain et si faute il y aurait dudit paiement dans le temps, serait loisible et permis audit sieur Rigonesse de se remettre au service de tel autre officier que bon lui semblera.

Fait et passé à Paris, en ladite maison de la Notre-Dame de Paix sus déclarée, l'an mil six cent soixante-sept et le quinzième septembre après midi. Ledit Rigonesse a déclaré ne savoir écrire ni signer et le

---

1. Manesson-Mallet. *Les travaux de Mars*. Paris 1691.

2. En 1718, chaque compagnie de gendarmes ou de chevaux-légers possédait deux trompettes. (État de la France pour 1718).

3. Cordon pour orner et porter la trompette.

4. C'est donc bien la livrée du capitaine que portait le trompette, et non celle du colonel ou mestre de camp, comme Kastner le prétend à tort.

sieur de Bascheville a signé : Gaudechard Bascheville. (Minutes de Bizet ; étude de M‹ Le Monnier, notaire à Paris‹).

Le précédent engagement n'était donc fait que pour un an ; il semble que ce devait être la limite usuelle, car le certificat suivant vient corroborer nos dires :

     Nous, capitaine de cavalerie,

Certifions n'avoir engagé François Rhodes pour trompette dans ma compagnie que pour un an, au bout duquel il lui sera permis de se retirer où bon lui semblera, ladite année commençant de ce jour, seizième septembre 1682.

Desrocques de Torbat[2].

De ces deux pièces, nous croyons donc pouvoir tirer la conclusion suivante : les trompettes étaient jadis des spécialistes plus ou moins virtuoses, mais toujours très recherchés, qui louaient leurs services à l'officier qui les traitait le mieux ; si le métier, car cela en était un, avait des moments pénibles, ces mauvais moments étaient vite rachetés. En tenant compte en effet de la valeur de l'argent à cette époque, les titulaires avaient non seulement pour eux le prestige de l'uniforme, qui a toujours été chose appréciable, mais aussi un traitement qui ferait réfléchir à l'heure actuelle un brigadier-trompette, voire même un trompette-major.

---

3. **A.** Jal. *Dictionnaire critique*. Paris 1877.

2. Archives de famille.

III

REMARQUES SUR L'ORIGINE DE CERTAINS TROMPETTES

Dans les listes que nous avons données des trompettes, tant
de la Grande Écurie que de la Maison militaire du Roi, certains noms frappent, non seulement par leur fréquente
répétition, mais encore par leur persistance, montrant ainsi
que ces charges de trompettes s'étaient transmises de générations en générations dans certaines familles. Or, il est curieux
de constater que toutes ces familles habitaient et habitent
encore, pour la plupart, la Haute-Auvergne et exclusivement,
les quatre paroisses limitrophes de Riom-ès-Montagnes, Saint-
Hippolyte, Apchon et Marchastel ; les trois premières séparées
seulement de la dernière par la Rhue[1].

Cette particularité avait déjà frappé le savant Audigier qui,
dans son projet sur l'histoire d'Auvergne, écrivait au com-
mencement du XVIIIe siècle que « Pouzols, commune de
Marchastel, avait fourni les plus célèbres trompettes du
monde et en avait donné à la Maison royale et à nos généraux »[2].

Après lui, de Ribier, dans le *Dictionnaire statistique du Cantal*, à l'article *Apchon*[3], constatait que « par une singularité re-
marquable, il y avait à Apchon des familles dans lesquelles
se choisissaient les trompettes du Roi ; ainsi, Aymé Salsac,
d'Apchon, fut trompette dans la compagnie de l'Amiral de
France en 1522, Pierre Chanal en 1539, Pierre de Chadelaux,
Antoine Jonzac, François Rivet, Guillaume Dumont, Guillaume Delolme, en 1544 ; Aimé Pissavy en 1585, Jean Rodde
et grand nombre d'autres, tous habitants du bourg ou de la
paroisse d'Apchon ».

Dans le même ouvrage, à l'article *Marchastel*, et d'après Paul
de Chazelles, « le château de Terrou fut longtemps habité par

1. Riom, St-Hippolyte et Apchon, aujourd'hui canton de Riom-ès-Montagnes, arrond. de Mauriac ; Marchastel, canton de Condat, arrond. de Murat,
2. *Bibl. Nat.* Mss. fs. frs. 11.479.
3. Aurillac. Bonnet-Picut, 1855.

la famille Rodde qui, de père en fils, a fourni des trompettes à la maison du Roi. Un des beaux-frères, Gratian Clislavide, fut célèbre en son temps et envoyé en 1635 par Louis XIII déclarer la guerre à la maison d'Autriche avec Jean Gratiole, autre Auvergnat, héraut d'armes du titre d'Alençon ».

L'auteur ajoute que « Gratian Clislavide, qui fit bâtir le château, mourut sans postérité et son neveu, Pierre Rodde, (et non Redon) lui succéda et habitait Terrou ; il fut doyen des trompettes du Roi et mourut en 1646. Son héritière, Jeanne Rodde, épousa N. Frisquet, aussi trompette du Roi, qui obtint sa retraite en 1670, et se retira à Champagnac. Cette propriété passa par alliance à un nommé Vernégeol ».

Enfin, notre confrère de « la Haute-Auvergne», l'abbé H. Bouffet, dans une plaquette intitulée : *Une famille de trompettes*[1], donne, d'après les registres paroissiaux de Marchastel une longue liste, souvent incomplète et parfois fantaisiste, de Roddes ayant été trompettes du Roi.

Malheureusement, Audigier, qui avait à sa disposition tous les anciens titres, de Ribier et de Chazelles, qui se sont inspirés tous deux du grand historien de l'Auvergne, ne nous indiquent pas les sources auxquelles ils ont puisé ; nous aurions pu nous y référer, si elles existent encore, et avoir des renseignements plus précis et plus nombreux sur nos compatriotes.

Quoi qu'il en soit, il faut admettre que ces charges de trompette devaient exercer un attrait tout spécial, puisque nous voyons pendant près de trois siècles, des Auvergnats en occuper la plupart, et procéder, pour ainsi dire, à leur envahissement qui aura son apogée de 1640 à 1660, pour se ralentir en 1690 et s'éteindre définitivement vers 1760.

Le premier en date que nous relevons dans les états précités est Guillaume Jonzac, qui débuta en 1508 ; peu après, nous voyons avec lui Edme et Antoine Jonzac à la Grande Ecurie, tandis que Jean Jonzac appartient aux gardes du corps en 1516. Cette famille semble avoir aujourd'hui disparu d'Apchon mais elle habitait encore au village de la Vidal, en 1618[2].

---

1. *Auvergne historique*, 1897, *loc cit.*

2. Registres de catholicité de St-Hippolyte et Apchon (Grâce à l'obligeance de l'abbé Lafarge, qui les a cherchés et retrouvés à notre intention, nous avons pu puiser dans ces registres de très nombreuses et utiles indications.)

A partir de 1547, Pierre [1], Guillaume, Louis et Jacques Chancel figurent sur les états de la Grande Ecurie ; nous les trouvons habitant Apchon en 1637 [2], et leurs descendants y occupent encore, soit dans la localité soit dans les environs, des situations très honorables.

Continuant notre énumération nous relevons en 1575, un Jacques Chanax à la Grande Ecurie ; nous pouvons le classer parmi les Auvergnats, car des Chancel-Chanax apparaissent fréquemment dans les registres paroissiaux d'Apchon, aux environs de 1620.

Toujours, dans la Grande Ecurie, figurent les Gandilhon [3], les Chaumeil, les Dutour [4], les Chadefaux ou de Chefdefaux [5], les Amadieu, les Pissavy ou Pissevin, les Gilbert [6], etc., familles qui sont encore, pour la plupart, très répandues et toutes très avantageusement représentées dans le pays.

Vers la même époque, Pierre Marry était trompette de la Prévôté de l'Hôtel [7].

Les Rivet ont fourni de 1522 à 1719, c'est-à-dire pendant deux siècles, des trompettes à la Grande Ecurie. Ce furent d'abord au XVIᵉ siècle, Jean et François Rivet ; plus tard, Géraud Rivet, époux de Marie Basset, qui résidait aux Méallets, paroisse de Riom, en 1622 [8], puis son fils Jean Rivet et

---

1. Le 15 juin 1546, François Iᵉʳ fit don à Pierre Chancel, trompette du Roi, de 20 écus d'or soleil à prendre sur le produit de l'office de notaire au bailliage d'Aubière (Puy-de-Dôme) dans la sénéchaussée d'Auvergne, auquel il n'avait pas encore été pourvu depuis la réduction des notaires dans ce pays. (*Auvergne historique* : « Actes de François Iᵉʳ » 1897). Par contre, un autre Pierre Chancel, huissier à la salle du Roi, recevait le 31 juillet 1546 en don, l'office de notaire royal à St-Flour, vacant par la mort de Guillaume Brousse (*Ibid*)

2. Minutes Commolet. Etude de Mᵉ Andrieu, notaire à Apchon.

3. Un Gandilhon habitait en 1618 Beschadoires, paroisse de St-Hippolyte. (Registres paroissiaux d'Apchon).

4. Les Dutour s'intitulaient chatelains de St-Etienne, près Riom, en 1642 (Minutes Robin. Communication de l'abbé Lafarge).

5. La famille Chadefaux, habitait La Mourel, paroisse d'Apchon en 1634 (Minutes Commolet). Un autre Deschadefaux était juge-bailli de Cheylade, vers 1750.

6. Pierre Gilbert, qui fut trompette de la Grande Ecurie de 1603 à 1628, s'intitulait, dans un acte notarié du 9 avril 1619 passé à Paris, où il figurait avec sa femme Gilberte Moreau : *trompette ordinaire du Roi et de la ville prévôté et vicomté de Paris*. (Ecorcheville, *loc. cit.*)

7. Il existe encore à Riom et dans les environs, des Mary qui ont fourni à l'armée et à la médecine de très brillants sujets.

8. Reg. par. de Riom.

son petit-fils François Rivet, époux de Marguerite de Tourne-
mine, qui habitaient également les Méallets[1]. Cette famille,
qui était une des plus haut placées du pays, s'est éteinte
définitivement vers 1750, faute d'héritiers directs.

Les Pellissier habitaient primitivement le village de Pouzols ; François Pellissier[2], trompette de la Grande Ecurie, se
fixa, dès 1636 à Terrou, après son mariage avec Françoise
Roddes. Vinrent ensuite Antoine Pellissier, sieur de Beaupré[3]
et Jean Pellissier, qui appartenaient également à la Grande
Ecurie, tandis que Louis Pellissier[4], sieur du Fau, habitant
de Riom, servait vraisemblablement dans la maison militaire
du Roi, comme autre Jean Pellissier[5], trompette aux gardes
du corps, à Soissons en 1741.

L'origine de François Frisquet Salle, qui servit alternativement à la 1re et à la 2e compagnie des gardes du corps, nous
est inconnue ; il s'était marié à Terrou avec Jeanne Roddes et
se retira à Champagnac lors de sa retraite. Après sa mort,
survenue en 1670, sa veuve se remaria avec Marc-Antoine de
Soualhat de Fontalard[6], qui résidait à Champagnac et était
proche parent des Fontalard de la Bréqueille, qui demeuraient
à Terrou.

Habitait également vers la même époque à Champagnac,
Martin Vernégheol, sieur de Bellegarde, époux de Françoise
Valmier, qui portait le titre de *Trompette ordinaire de la
Chambre du Roi,* comme nous le lisons dans de nombreux
actes notariés ou privés[7], bien que son nom ne figure pas dans
les états de la Grande Ecurie. Son fils, Jean Vernégheol de
Bellegarde, épousa Françoise Roddes[8] et, dès lors, habita lui
aussi Terrou, où ses descendants sont encore établis; il signait :
« *Trompette aux gardes du Roi* »[9].

Enfin, la famille qui a fourni au Roi le plus grand nombre

---

1. Minutes Gazard. Etude de Me Sarrazin; notaire à Murat.

2 Reg. par. de Marchastel.

3. Mort a Terrou en 1706. (Reg. par. de Marchastel).

4. Minutes Robin.

5. Reg. par. de Riom.

6. Reg. par. de Marchastel.

7. Minutes Robin et archives de famille.

8. Fille de feu Bernard Roddes, trompette du Roi, et de Jeanne Pellissier.
(Archives de famille).

9. Reg. par. de Marchastel.

de trompettes est, sans contredit, la famille Roddes. Les états de la Grande Écurie en mentionnent de 1588 à 1730 un nombre appréciable ; mais indépendamment de ceux-ci, beaucoup d'autres, dans la même période, ont porté le titre de *trompette du Roi* et devaient, par conséquent, appartenir à la maison militaire ou aux régiments.

Les contrôles de l'époque présentant de nombreuses lacunes, nous devons nous rabattre sur les documents locaux pour donner une énumération forcément incomplète des titulaires de ces charges.

Si, en 1590, nous trouvons Guillaume et François Roddes trompettes de la Grande Écurie, nous voyons bientôt après une succession de Pierre, Jean, Antoine Roddes, acheter les charges et éliminer petit à petit les étrangers à la famille et au pays ; c'est ainsi qu'en 1668, nous relevons huit Roddes sur douze trompettes à la Grande Écurie, plus un Pellissier et un Rivet.

Certains autres servaient à la maison militaire du Roi ; c'étaient : en 1636, Gratian Roddes, époux d'Isabeau Gibard, *trompette à la compagnie de la Reine*[1] ; en 1637[2], Hubert et Julien Roddes, ce dernier époux d'Anne La Visbrie ; en 1672, Antoine Roddes[3], époux de Jeanne Rivet, résidant à La Rode paroisse de Riom ; en 1693, autre Antoine Roddes[4], époux d'Isabeau Roddes, de La Rode ; en 1696, un troisième Antoine Roddes[5], sieur de la Voulte, époux de Gabrielle Sugère, habitant Terrou ; en 1674, Bernard Roddes[6], sieur de la Courbe, époux de Jeanne Pellissier, et autre Bernard Roddes[7], époux de Anne Duchéry, de Freytet, paroisse de Riom.

Or, tous ces Roddes étaient très proches parents : fils, beaux-frères, cousins, neveux, etc. Bien plus, les Rivet, les Pellissier, les Vernégheol avaient contracté avec la famille Roddes de nombreuses alliances, à tel point qu'on aurait pu dire, en paraphrasant le dicton bien connu « qu'ils n'étaient ni hommes ni femmes, mais tous Auvergnats ». Et ils étaient tous si fiers de leur titre que parfois ils s'intitulaient naïvement dans les actes paroissiaux : *Trompette chez le Roy.*

---

1 et 2. Reg. par. de Marchastel.

3 et 4. Archives de famille.

5. Reg. par. de Marchastel.

6. Archives de famille.

7. Reg. par. de Riom.

Tous cependant, ne pouvaient pas occuper, d'emblée, des charges privilégiées ; ils se rabattaient alors sur les régiments pour y faire, pour ainsi dire, un stage, en attendant mieux. Ainsi, Etienne Roddes était *trompette dans la compagnie du prince de Vendôme* en 1621 [1] avant d'être admis à la Grande Ecurie ; François Roddes, sieur de Chabannes, époux de Jeanne Plantecoste, était trompette dans la compagnie Desrocques de Torbat, en 1682, tandis que son frère aîné, François Roddes, sieur d'Auteil, époux de Marguerite André de la Ronade, était trompette de la Grande Ecurie, après avoir succédé à son père Etienne Roddes ; et plus tard, Guyot Roddes, lors de son contrat de mariage avec Gabrielle Lemmet le 17 février 1700, s'intitule simplement *trompette* [2], alors que son père, Jean Roddes est qualifié de *trompette ordinaire du Roi.*

Depuis longtemps, du reste, la charge de trompette était en honneur dans le pays, puisque nous trouvons, dès 1554, la fondation suivante : *Fondation faite par saige homme Jehan Colanges, trompette, habitant du lieu et paroisse d'Apchon, diocèse de Clermont, lequel, de son bon gré, considérant que pour le service du Roy, notre sire,... ... au pays de....... soubs la charge du seigneur de la Guysche, son capitaine, et considérant le danger de la guerre, veut ses funérailles estre faites en l'église d'Apchon et donne au curé et prebstres de l'église parrochiale de St·Hippolyte la somme de 48 livres.*

Reçu et signé par : Du Chailar, Rodde, Commolet, notaires royaux et chanceliers de Valrus [3].

Citons encore pour mémoire, Pierre Duthil, qualifié d'Auvergnat, mais dont nous ne pouvons établir l'identité, qui était trompette en 1580 dans la compagnie Guy de St-Gilles [4]. Il est donc bien établi par les explications précédentes, que les Auvergnats de la vallée de la Rhue avaient presque monopolisé les charges de trompettes du Roi pendant plus de deux siècles.

---

1. Reg. par. d'Apchon.

2. Archives de famille.

3. Registre des fondations faites au curé et prêtres de l'église paroissiale de St-Hippolyte et de l'église d'Apchon, son annexe. (Archives départ. nᵒ 80, ancien fonds de l'évêché de St-Flour).

4. Comte de Dienne et abbé Dubois. *Loc. cit.*

Comment expliquer cet engouement pour ces charges ? On pourrait croire que l'attrait de la Cour, le rapport pécuniaire de ces charges, les exemptions d'impôts, même une vocation musicale innée, auraient encouragé ces braves Auvergnats à s'enrôler dans la musique de la Grande Ecurie. Or, nous avons eu beau parcourir les états de l'Ecurie, sauf Nicolas de Rivet qui était joueur de cornet en 1588[1], et ne reparaît plus les années suivantes, nous n'avons pu relever parmi les fifres, les hautbois, les musettes et les tambours du Roi, un seul nom qui puisse se rattacher non seulement à Apchon, mais même à la Haute-Auvergne. Il en est de même pour les musiciens de la Chambre.

De Ribier, dans le *Dictionnaire du Cantal*, parle d'un privilège concédé aux familles d'Apchon de fournir les trompettes du Roi. Rien, malheureusement, ne vient étayer cette assertion ; bien plus, nous avons pu voir que si, à une certaine époque, les Roddes, les Pellissier et les Rivet dominaient, il y avait d'autres titulaires qui n'ont jamais appartenu, de près ou de loin, à l'Auvergne.

L'abbé Bouffet[2] croirait qu'un des grands seigneurs d'Apchon, Artaud III, neveu du maréchal de St-André, ou Claude d'Apchon, conseiller du Roi, avait amené ses compatriotes à la Cour. Cette hypothèse ne mérite pas plus de créance que la précédente car, outre la protection auprès du Roi, il fallait aux postulants un certain avoir pour acquérir la charge et nécessairement justifier de quelques connaissances musicales pour l'occuper.

Ne pourrions-nous, à notre tour, tenter de donner une explication sinon définitive, tout au moins assez vraisemblable. On sait que nos compatriotes ont émigré de tout temps et en tous lieux ; d'aucuns de nos compatriotes ne craignaient même pas de s'expatrier et une trentaine de familles auvergnates, à la suite de la famine qui désola notre pays dans les premières années du règne de Louis XIII, allèrent même fonder à Madagascar une colonie, qui était encore très prospère à la fin du XVIIIe siècle. comme nous l'apprend un chroniqueur anonyme[3].

---

1. *Arch. Nat.* K. K. 143.
2. *Une famille de trompettes. Loc. cit.*
3. *Revue d'Auvergne*, 4e livraison, juin 1840. Thibaud lib., Paris.

Sans aller aussi loin, les Auvergnats s'étaient répandus dans toute la France et y exerçaient les métiers les plus variés, notamment celui de chaudronnier.

D'un autre côté, les facteurs d'instruments de musique doivent, chacun le sait, connaître à fond la pratique des instruments de leur fabrication, afin de les essayer quand ils sont terminés et se rendre compte de leurs imperfections. De plus, de l'avis général des musiciens, la trompette est un instrument très dur à jouer et nécessitant de bons poumons, comme l'air vif de nos montagnes peut en former.

Or, d'après le *Livre des Métiers* de Boileau, les fabricants de trompettes ou faiseurs de trompes étaient adjoints aux forcetiers (fabricants de forces ou ciseaux pour tondre les moutons) et aux chaudronniers.

Il est très possible qu'un Auvergnat soit devenu de chaudronnier faiseur de trompettes et revenu, après fortune faite, se retirer au pays, suivant l'usage encore en vigueur, ait, non seulement vanté les avantages de la charge de trompette exercée à la Cour, mais encore donné les leçons nécessaires pour jouer convenablement de cet instrument.

Ces charges, ainsi que nous l'avons vu, s'étant transmises de père en fils et d'oncle à neveu, la pratique constante de la trompette dans la famille, jointe à l'atavisme indéniable qui devait en résulter, suffisaient, ce nous semble, à former de bons trompettes pour le service du Roi. Cela devait être d'autant plus nécessaire que les airs que jouaient nos trompettes et dont nous donnons plus loin quelques spécimens comportent de réelles difficultés et exigent non-seulement une belle embouchure, mais encore des connaissances musicales et une virtuosité difficiles à rencontrer communément.

Quoi qu'il en soit, nous laissons à nos confrères de la *Haute-Auvergne*, dont plusieurs habitent la vallée de la Rhue, la tâche d'approfondir, mieux que nous ne l'avons fait, par quel concours de circonstances a été donné à nos compatriotes le privilège, presque exclusif, pendant près de trois siècles, de servir la France en qualité de *trompettes du Roi*.

EXPLICATION DES PLANCHES

Planche I

Fɪɢ. 1. — Entrée de Charles VII à Paris, 1436, *fragment.* (Bibliot. Nat. Gaignières. *Louis XII*, fol. 9)
>Tuniques des personnages : rouge.
>Tabliers des instruments : bleu à fleurs de lis d'or.
>(Le bâton qui coupe les personnages soutient un dais dans la gravure).

Fɪɢ. 2. — Entrée de Charles VII à Rouen, 1449, *fragment.* (Gaignières, fol. 12).
>Tuniques : rouge à semis de pois d'or.
>Tabliers : bleu à fleurs de lis d'or.

Fɪɢ. 3. — Entrée de Charles VII à Caen, 1450, *fragment.* (Gaignières, fol. 13.)
>Tuniques et tabliers : semblables.

Planche II

Trompette accompagnant un héraut d'armes proclamant la paix, *fragment.* (Biblioth. Nation. Gaignières, *Charles VII*, pl. 6).
>Tunique : rouge.
>Tablier : bleu à fleurs de lis d'or.

Planche III

Trompette, 1450. (Marbot, *Costumes militaires français*, pl. V.)
>Tunique : violetée.
>Culotte : jaunâtre.
>Tablier : bleu à fleurs de lis d'or.
>Chapeau et souliers : gris.

Planche IV

Trompette, 1525. (Marbot, *Costumes militaires français.* Pl. 25).
>Chapeau et tunique : blanc frangé d'or.
>Culotte : jaunâtre.
>Tablier : bleu à fleurs de lis d'or.

Planche V

Trompette, 1559, *fragment*. (Biblioth. Nation. Ed. 9. Torterel et Perissin, *Tournoy où le Roy Henri II fut blessé à mort le dernier de juin 1559*).

Planche VI

Trompette, 1612, *fragment*. (Biblioth. Nat., Estampes Q b. 27 — *Publication faite à Paris le 27 nov. 1612 des mariages arrestez entre Louis XIII et Anne d'Autriche)*.

Planche VII

Trompette, 1654. (Biblioth. Nation., Estampes, Pd 52. — *La Pompeuse et magnifique cérémonie du sacre du Roy Louis XIV faite à Rheims le 7 juin 1654.* Paris, Edme Martin, au Soleil d'or, 1655.)

Planche VIII

Trompette, 1722. (Biblioth. Nation., Estampes, Pd 53. — *Sacre de Louis XV, 25 octobre 1722*).

MUSIQUE

Airs de Trompettes (Bibliothèque de Versailles : manuscrit de Philidor l'aîné, 1705).

AIRS de TROMPETTES

faits par Monsieur de LULLY

par l'ordre du Roi,
pour le Carrousel de la Grande Écurie, en 1686.

I. PRÉLUDE.

+

1
1

II. GAVOTTE.

III. MENUET.

IV. GIGUE.

TABLE DES MATIÈRES

www.ingramcontent.com/pod-product-compliance
Ingram Content Group UK Ltd.
Pitfield, Milton Keynes, MK11 3LW, UK
UKHW020018100726
13658UKWH00002B/973